NARRART:
ARTE Y NARRATIVA HISPÁNICA CONTEMPORÁNEA

PUNTO DE ENCUENTRO
[XVI]

Colección dirigida por
MARÍA MARTÍNEZ DEYROS

NARRART: ARTE Y NARRATIVA HISPÁNICA CONTEMPORÁNEA

Edición de
Luis Pascual Cordero Sánchez y María Sotelo Rodríguez

CÁTEDRA MIGUEL DELIBES
VALLADOLID — NUEVA YORK
2025

© *de la coordinación, edición, selección de los estudios e introducción*
Luis Pascual Cordero Sánchez y María Sotelo Rodríguez

© *de los estudios*
Tilmann Altenberg, Mario Aznar, Rosalía Fartos Ballesteros, Paula Fernández Chamorro, Sergio Fernández Martínez, Milagros García Vázquez, Maribel Gilsanz, Francisca Noguerol, Juan Pinilla y Eduardo Tasis Moratinos

© *de la presente edición*
Cátedra Miguel Delibes
Facultad de Filosofía y Letras
Prado de la Magdalena, s/n
47011 Valladolid

ISBN 978-84-1320-356-0

D.L. VA 462-2025

Gráficas Maxtor
Fray Luis de León, 20. 47002 Valladolid
983 090 110
www.graficasmaxtor.es

Todos los trabajos incluidos en el presente volumen han sido sometidos a una revisión por pares a doble ciego.

NARRART:
LOS VASOS COMUNICANTES
ENTRE LA NARRATIVA Y LAS ARTES

Luis Pascual Cordero Sánchez y María Sotelo Rodríguez
Universidad de Valladolid

Decía Marcel Proust que el verdadero viaje de descubrimiento consiste no en buscar nuevos paisajes, sino en mirar con nuevos ojos. La narrativa ha sido —y continúa siendo— uno de los paisajes más fértiles desde los que explorar las vastas extensiones de lo literario. Por ello, numerosos escritores contemporáneos se han propuesto renovar esa mirada con el fin de replantear tanto las formas como los sentidos de lo narrativo.

Este volumen recoge algunas de esas nuevas maneras de concebir y practicar la narrativa; unas desde una perspectiva académica, otras desde un enfoque abiertamente creativo. La diversidad de prismas desde los que puede observarse esta evolución de la intermedialidad entre narrativa y arte permite generar nuevos debates que despiertan la inquietud de investigadores procedentes de distintas áreas de conocimiento, al tiempo que interpelan a los creadores a lograr un maridaje sutil, pero renovador, en el ámbito de la narrativa expandida. En la actualidad, muchos de estos artefactos narrativos están recibiendo una atención creciente por parte de la investigación, aunque las relaciones que unen a la narrativa con el arte se remontan a esos clásicos —que siempre nos esperan en el futuro—.

La pincelada histórica siempre nos ayuda a saber de dónde venimos y alimenta, con rigor, el estudio de cualquier fenómeno. Uno de los modos de intermedialidad que constituye un antecedente fundamental —y que continúa plenamente vigente— es el de la écfrasis. Luz Aurora Pimentel recoge tres de las definiciones más canónicas del término, destacando la formulada por Leo Spitzer: "la descripción poética de una obra de arte pictórica o escultórica" (en Pimentel, 2003: 206). A pesar del aura poética que suele rodear a la écfrasis, que junto con los vínculos generales entre poesía y arte fueron objeto de detallado estudio en el volumen precedente de esta misma colección Punto de Encuentro, *Materia poética: arte y poesía hispánica contemporánea* (2025), este recurso también ha sido empleado de forma significativa en el ámbito narrativo. En la tradición clásica, encontramos ejemplos paradigmáticos en los cantares homéricos y virgilianos, donde se insertan descripciones minuciosas como la del escudo de Aquiles en la *Ilíada* o la del templo consagrado a Febo en la *Eneida*. La écfrasis ha sido, a lo largo de la historia de la literatura, una herramienta recurrente para articular la mirada literaria sobre las artes visuales y su influencia ha sido decisiva en la configuración de la novela y en el modo en que esta se abre al diálogo con otras formas de expresión artística.

Uno de los grandes puntos de inflexión en la relación entre narrativa y arte se produjo con el auge de las novelas ilustradas a mediados del siglo XIX. La inclusión de imágenes no solo transformó la forma en que el lector concebía la novela, sino que también tuvo un impacto considerable en los modos de impresión y en la configuración material de estos artefactos narrativos. María Esther Pérez Salas Cantú describe con gran claridad cómo estos cambios afectaron a la novela romántica:

> La presencia de las imágenes en tales soportes cambió de manera significativa la relación entre el impreso y el lector, especialmente en las novelas, de la misma manera que modificó el tiempo de lectura, al tener la posibilidad de recorrer el libro de distintas formas [...] los receptores contaron con la posibilidad de llevar a cabo dos lecturas diferentes de una misma obra, una a partir de la descripción literaria y otra, concebida por el ilustrador (2015: 172).

Una de las figuras más destacadas de la ilustración romántica es, sin duda, Gustave Doré, quien no solo ilustró clásicos como *La Divina Comedia* o *Don Quijote de la Mancha*, sino que también produjo lo que puede considerarse "el primer cómic ensayístico de no ficción con formato de libro que, además, emplea una panoplia de recursos expresivos luego reiterados por algunas de las figuras esenciales de este género" (Pintor Iranzo, 2024: 84). La evolución del cómic y de la novela gráfica durante el siglo XX representará uno de los vínculos más sólidos entre narrativa y arte, gracias a autores fundamentales como Will Eisner, Frank Miller o Alan Moore, quienes ampliaron las fronteras de la ilustración, desarrollando un lenguaje expresivo propio en el que imagen y texto dialogan de manera estructural e inseparable.

Uno de los nexos más significativos entre narrativa y arte ha sido el Realismo. Bajo esta etiqueta no solo se engloban novelas como las de Benito Pérez Galdós, Leopoldo Alas "Clarín", Emilia Pardo Bazán o, fuera de nuestras fronteras, las de Honoré de Balzac y Charles Dickens, sino también numerosas creaciones pictóricas, como la obra de Gustave Courbet, la primera etapa de Vincent van Gogh, o el llamado "realismo retrospectivo" de Antonio Gisbert (Gómez Moreno, 2002: 15). Uno de los procedimientos habituales en la novela realista consiste en "remitir a un cuadro de Courbet, de Manet, de Watteau, de Rafael, etc., para «iluminar» una descripción o simplemente para excusarla" (Lissorgues, 1998: 10). Esta forma de evocación plástica refuerza el carácter interartístico del género. Del mismo modo, el lenguaje casi pictórico que emplean muchos autores realistas —al detenerse en la descripción minuciosa de paisajes, estancias o figuras humanas— remite a la atención al detalle característica de la pintura del periodo. Así, narrador y pintor guían por igual la mirada del lector-espectador, construyendo cuadros verbales o imágenes visuales que dan forma a la representación de una realidad concreta, histórica y compartida.

El salto que supone el siglo XX en muchos de los aspectos que interconectan la narrativa y el arte no se limita a la experimentación con el vocabulario, sino que se extiende también a la estructura visual de la página. Por una parte, encontramos la gran influencia de la estética cubista, con sus figuras distorsionadas —herederas de Cézanne y su investigación sobre la perspectiva— y su pluralidad de puntos de vista. El rechazo de la mímesis tiene su fundamento, siguiendo a Golding, en que "los pintores deberían pintar el mundo no como lo veían, sino como sabían que era" (1988: 37). Este principio encuentra su reflejo en el ámbito de la literatura a través de "la creación de un mundo autónomo dotado de arquitectura propia" (Hermosilla Álvarez, 2017: 252), donde la hoja en blanco se convierte en un espacio cargado de posibilidades formales. Un importante precedente de esta estética literaria puede rastrearse en Stéphane Mallarmé y su *Un coup de dés jamais n'abolira le hasard* (1897), así como en los caligramas de Guillaume Apollinaire, que condensan el vínculo entre imagen y palabra. Además, el interés de pintores como Pablo Picasso o Wassily Kandinsky por la escritura y sus posibilidades gráficas se manifestó en obras como *Ma Jolie* (1911-1912), de Picasso, donde el título aparece inscrito en el propio lienzo junto a símbolos como la clave de sol, o *Indian Story* (1960), de Kandinsky, en la que el artista explora una suerte de escritura jeroglífica asémica. Al igual que gran parte de las vanguardias del siglo XX transformaron la concepción del arte desde el punto de vista del creador y del espectador, los nuevos modos de narrativa —entre los que se encuentran textos inacabados, ilegibles o escritos en alfabetos desconocidos— desafían al lector y lo invitan a salir del marco normativo de lo que se entiende como lectura narrativa. Mario Aznar apunta cómo esta

> poética de lo ilegible nos invitaría a reconsiderar la relación entre lector y texto. Mientras que la obra abierta, en la concepción de Eco, mantiene un diálogo activo con el lector, lo ilegible introduce una fricción en ese diálogo. Aquí, el lector se enfrenta a un texto que parece retener una parte de su significado, como si desafiara la capacidad humana de comprensión total (2024).

A lo largo del siglo XX, el arte ha impregnado muchas novelas tanto en su fondo como en su forma. Uno de los artefactos narrativos más significativos para comprender cómo se combinan arte y relato —mediante la inclusión de obras visuales y la tematización de la figura del artista— es *Jusep Torres Campalans* (1958), de Max Aub. Tradicionalmente enmarcada como una de las grandes bromas literarias del siglo XX, la novela encierra algo mucho más valioso. En palabras de Vílchez Ruiz, "tenemos ese «talento múltiple» del escritor que pinta y del pintor que escribe" (2007: 503). Aub no solo inventó a este supuesto genio vanguardista, sino que pintó él mismo los cuadros que se reproducen en la novela como parte de la obra de Campalans. El grado de detalle con el que construyó esta biografía ficticia es tan minucioso que el lector actual podría necesitar recurrir a Internet para comprobar si el pintor existió realmente. La operación artística fue tan sofisticada que Aub llegó a exponer, bajo el nombre de Campalans, algunos de los cuadros que él mismo había creado para la novela en una galería neoyorkina. Esta ambigüedad —este juego entre ficción y documentación— ha resonado en la narrativa posterior, y autores del siglo XXI como Vicente Luis Mora, en *Fred Cabeza de Vaca* (2017), o Miguel Ángel Hernández, en *Intento de escapada* (2013), han retomado este formato para explorar los límites entre arte, escritura y autoría.

El arte atraviesa de forma significativa buena parte de la producción narrativa del siglo XXI. El arte contemporáneo aparece como tema en muchas novelas actuales y, al mismo tiempo, se integra en su estructura narrativa mediante la adaptación de algunas de sus técnicas al lenguaje literario. Una de las novelas más representativas de este trasvase desde lo artístico a lo narrativo es *Obra maestra* (2022), de Juan Tallón. A pesar de su reciente publicación, la gestación de *Obra maestra* fue un proceso arduo que se prolongó durante años, ya que la intención del autor era plasmar en sus páginas el *modus operandi* artístico de Richard Serra. La construcción de la novela a través de una sucesión de testimonios persigue generar una perspectiva múltiple en torno a la pérdida, la investigación y la búsqueda del arte. En este caso, el arte no solo es el tema central, sino que se filtra en la propia forma narrativa, demostrando que la novela continúa siendo un espacio idóneo para la experimentación visual y formal.

Por otra parte, artefactos narrativos como *Permanente obra negra* (2019), de Vivian Abenshushan, exploran las posibilidades que ofrecen los medios de difusión actuales. Abenshushan construye una obra dividida en cuatro formatos: "un fichero, un libro tradicional, un libro suajado y un algoritmo" (Tijerina Martínez, 2021: 180). Asimismo, nos encontramos con obras como *Conjunto vacío* (2015), de Verónica Gerber Bicecci, que indagan en las múltiples relaciones entre palabra e imagen, y ensayan formas de complementariedad e interacción. Siguiendo la función de relevo descrita por Roland Barthes (2009: 41), la imagen no se limita a duplicar lo expresado por el texto, sino que participa en la construcción de un nuevo lenguaje narrativo. Gerber Bicecci elabora así una suerte de segunda narración a través de ilustraciones que oscilan entre lo matemático —como sugiere el propio título— y lo asémico, al incorporar una suerte de lenguaje jeroglífico inserto de diversos modos a lo largo de la novela.

Otras manifestaciones artísticas, como la *performance*, la instalación o la narración desde el museo, también han cautivado a numerosos narradores. Uno de los grandes exponentes de esta intersección es Enrique Vila-Matas, quien no solo ha recibido el arte contemporáneo como fuente constante de inspiración, sino que él mismo ha llegado a convertirse en instalación artística, como relata en su novela *Kassel no invita a la lógica* (2014). Los cruces entre lo literario y lo artístico son frecuentes en su obra, en buena parte gracias a su estrecha colaboración con la artista francesa Dominique Gonzalez-Foerster, de la que han surgido artefactos narrativos únicos como *Marienbad eléctrico* (2016). Al otro lado del Atlántico, la figura de María Gainza encarna esta misma confluencia, pues aúna en su trayectoria la crítica de arte y la escritura narrativa. En *El nervio óptico* (2017), Gainza no escribe desde un museo físico, sino desde el museo íntimo de la memoria: la écfrasis no se limita aquí a lo pictórico, sino que se funde con lo emocional, configurando una mirada que entrelaza arte, recuerdo y relato. La ausencia de imágenes espolea al lector curioso a buscar los cuadros a los que se hace referencia o, en su defecto, a dejar que su imaginación fluya y sea él mismo quien los pinte, dando cuerpo a las palabras de la narradora.

Como puede comprobarse, adentrarse en estos artefactos narrativos que se están configurando en la actualidad puede suscitar la misma duda —o, incluso, temor— que nos asalta al entrar en una exposición de arte contemporáneo. El lector, en muchas ocasiones, debe asumir un papel activo en la narración, atendiendo a cada uno de los trazos que el narrador va esbozando hasta conformar la novela. El aceptar este pacto intermedial que proponen muchos autores contemporáneos implica un acercamiento a los diversos diálogos que el arte y la narrativa han sostenido a lo largo de la historia, ya que seguimos encontrando técnicas tan atemporales como la écfrasis en textos plenamente actuales. Dice Julián Ríos que "cada lectura está abierta a una nueva lectura, es o puede ser como la mar de Valéry, siempre recomenzada…" (en Dunsmoor, 2021), y ¿quién mejor que él para recordarnos que las palabras y el arte *escriviven*, se fusionan y renuevan los ecos de un pasado que se reescribe en cada una de las nuevas páginas que leemos?

Con el fin de explorar ese vínculo intermedial, incluso transmedial, la renovación y actualización de esas técnicas de creación que como vasos comunicantes trasiegan entre las bellas artes y la narrativa, se propone un acercamiento al tema desde cuatro ángulos. Como si de un políptico se tratara, formato artístico concebido para narrar y contar a través de una variedad de paneles, una serie de estudios organizados en cuatro apartados temáticos —cuatro lienzos acerca de cuestiones teóricas, análisis en detalle, novela gráfica y reflexiones de creadores— conforman una obra unitaria mayor. Como si se tratara de un gran "lienzo que todo lo cuenta", lema sugerido a los autores y autoras de las contribuciones de esta obra a la vez plural y unitaria, el políptico que se desplegará en las siguientes páginas está concebido para exponer, profundizar y analizar los frutos recientes del diálogo entre narrativa y arte en las letras hispánicas contemporáneas.

La primera de las secciones se centra en aspectos teóricos, con protagonismo de la llamada literatura expandida, transformada aquí en cartografías teóricas de tinta expandida. Dos mapas de índole teórico y planteamientos generales que guían y ayudan a navegar por el volumen. Mario Aznar desgrana los diferentes formatos más allá del papel y la tinta, en concreto los surgidos a finales del XX en el siglo XXI: desde los dispositivos electrónicos hasta la *performance*, pasando por la intervención en el espacio (museístico y físico en general). Nuevos formatos que, según reflexiona, requieren de un replanteamiento en cuanto al acercamiento pedagógico desde la didáctica, acostumbrada históricamente a trabajar en formatos expandidos en la literatura infantil y juvenil, para aplacar la creciente necesidad de una alfabetización más allá del texto escrito que eduque la mirada y los sentidos a los formatos actuales. Por su parte, en una línea similar de examen de la literatura expandida y los actuales formatos textuales que se desbordan fuera del propio texto, Francisca Noguerol ofrece, más que una guía, un mapa para entender y transitar por la literatura en español de ambas orillas en las que se intercalan, integran y emplean imágenes materiales, demorándose en detalle en el caso concreto de las fotografías borrosas o trucadas.

A manera de panel central, el segundo apartado propone cuatro lecturas en detalle de escritoras y escritores en cuya narrativa han confluido arte y literatura. Paula Fernández Chamorro analiza los cuentos y microrrelatos de *Tenebrario* (2003), de Ángel Olgoso, no solo como narrativas no miméticas, sino como una obra orgánica donde la expresión no se limita a la palabra sino que va de la mano y dialoga con los *collages* del mismo autor que se integran en el libro para complementar el texto. Sergio Fernández Martínez interpreta *La anguila* (2021) como un texto intermedial, donde su autora, la artista gráfica Paula Bonet, hace de la novela y los textos vinculados a la misma unos híbridos entre creación artística y literaria para indagar en la feminidad y sus luchas, presentadas desde una estética basada en la poética de la contaminación. Milagros García Vázquez revisa la concepción literaria de Ángel Valente, en especial sus vínculos con Eduardo Chillida y Antoni Tàpies, así como la importancia de la caligrafía, no en su obra poética como ha sido habitual, sino a través de sus escritos en prosa sobre arte. Eduardo Tasis Moratinos recupera una autora a quien dedicó una relevante monografía, *El exilio en la poesía de Tomás Segovia y Angelina Muñiz Huberman* (2014), para penetrar en su obra narrativa, en específico la novela *Hacia Malinalco* (2014), de Muñiz Huberman, sobre la que Tasis Moratinos demuestra ser una novela vinculada a la arteterapia, donde la creación artística se convierte en la clave para superar el exilio y la enfermedad física.

La tercera sección está dedicada al noveno arte: el cómic. Historias que se cuentan como narraciones enmarcadas donde la ilustración y el componente verbal tienden a ser indisolubles e incomprensibles el uno sin la otra. Tilmann Altenberg se centra en la recepción y actualización de *La vida del Lazarillo de Tormes* (1554) en tres adaptaciones al cómic contemporáneo. Examina la adición semiótica que el dibujo aporta y explora en detalle cómo los clásicos se reinterpretan a través de la forma y se ponen a disposición del lector actual, tanto juvenil como adulto. Rosalía Fartos Ballesteros presenta una lectura minuciosa de la novela gráfica *Todo bajo el sol* (2021), de Ana Penyas, desde un prisma ecocrítico, pero también como un ejemplo de cómo la imagen se pone al servicio de potenciar el mensaje más tradicional en la forma de las llamadas narrativas de la crisis, o precarias, que han proliferado en la España posterior a la Gran Recesión, muchas de ellas con la especulación urbanística como telón de fondo.

El fin de fiesta, el cuarto y último apartado, está protagonizado por dos creadores en los que la frontera entre su doble naturaleza de artista y escritor —¿cuál sería el orden correcto, si es que lo hay?— los convierte en creadores que están "entre dos tierras", como cantaba Enrique Bunbury. Maribel Gilsanz recorre su obra rastreando los débiles límites entre el *collage* y la narración, así como su poesía inédita. Un recorrido que incide en la noción de vasos comunicantes donde escritura y creación artística se complementan e interaccionan. Explora también su faceta como musa de su esposo, el pintor Amadeo Olmos; inspiración que ha tenido la generosidad de brindar a los editores, quienes han encontrado en el nombre de la lista de reproducción musical que acompañó a la escritora en el proceso de composición de su texto el título que abandera este volumen, *Narrart*, en un juego léxico de aglutinación entre narrar y *art* (arte, en inglés). Juan Pinilla transita también por su obra desde el mapa de la intermedialidad, uno de los conceptos transversales de este libro. El cantaor, acreedor de la Lámpara Minera, disecciona la sinergia entre flamenco y literatura en su escritura, pero también en su lectura, marcada por una enorme variedad de influencias con el ascendente de Francisco Umbral. Lecturas volcadas en el cante flamenco que demuestra una vez más su fácil asociación con la literatura "culta", si es que en el siglo XXI se puede mantener su distinción respecto a la "popular". La naturaleza mestiza del flamenco contagia a su producción literaria, que incorpora también la presencia transversal y transmedial de la pintura y la imagen (en movimiento).

En suma, cuatro paneles para componer un políptico que da cuenta de la simbiosis e interrelación entre el arte y la narrativa en español en los últimos cincuenta años que, si no llega a contarlo todo como el lema propuesto a los autores —ese "lienzo que todo lo cuenta"—, aspira a captar la diversidad del estado actual de estos prolíficos vasos comunicantes al servicio de contar historias con la escritura, la imagen o los múltiples resortes artísticos digitales o analógicos que permiten la creación.

BIBLIOGRAFÍA

ABENSHUSHAN, Vivian *et al.* (2019), *Permanente obra negra*, México, Sexto Piso.

AUB, Max (1958), *Jusep Torres Campalans*, México, Tezontle.

AZNAR, Mario (2024), "Aprender a no leer: ética y estética de lo ilegible", *Cuadernos Hispanoamericanos*, 889, en https://cuadernoshispanoamericanos.com/aprender-a-no-leer-etica-y-estetica-de-lo-ilegible/ (fecha de consulta: 07/06/25).

BARTHES, Roland (2009), *Lo obvio y lo obtuso. Imágenes, gestos y voces*, Barcelona, Paidós.

DUNSMOOR, Helena (2021), "Julián Ríos en sus propias palabras", *Tropelías. Revista de Teoría de la Literatura y Literatura Comparada*, número extraordinario 8, pp. 241-249.

GAINZA, María (2019), *El nervio óptico*, Barcelona, Anagrama.

GERBER BICECCI, Verónica (2015), *Conjunto vacío*, México, Almadía.

GOLDING, John (1988), *El cubismo. Una historia y un análisis*, Madrid, Alianza Forma.

GÓMEZ MORENO, Ángel (2002), "Introducción", en Rebeca Sanmartín Bastida, *Imágenes de la Edad Media: la mirada del Realismo*, Madrid, Consejo Superior de Investigaciones Científicas, pp. 15-24.

HERNÁNDEZ, Miguel Ángel (2013), *Intento de escapada*, Barcelona, Anagrama.

HERMOSILLA ÁLVAREZ, M.ª Ángeles (2017), "Cubismo y literatura: variaciones en la poesía francesa de vanguardia", *Cuadernos de Filología Francesa*, 28, pp. 251-270, en https://dehesa.unex.es/handle/10662/18453 (fecha de consulta: 03/06/25).

MORA, Vicente Luis (2017), *Fred Cabeza de Vaca*, Madrid, Sexto Piso.

PÉREZ SALAS CANTÚ, M.ª Esther (2015), "En pos de la seducción de las imágenes. Las novelas mexicanas ilustradas de mediados de siglo", *Decimonónica*, 12 (1), pp. 172-190, en https://digitalcommons.usu.edu/cgi/viewcontent.cgi?article=1040&context=decimononica (fecha de consulta: 28/05/25).

PIMENTEL, Luz Aurora (2003), "Écfrasis y lecturas iconotextuales", *Poligrafías*, IV, pp. 205-215, en https://www.revistas.unam.mx/index.php/poligrafias/article/view/31343 (fecha de consulta: 27/05/25).

PINTOR IRANZO, Iván (2024). "Didáctica y estudio del cómic-ensayo, de Gustav Doré a Fréderic Pajak", *Tejuelo*, 40, pp. 77-110. DOI: https://doi.org/10.17398/1988-8430.40.77.

LISSORGUES, Yvan (1998), "El Realismo. Arte y literatura, propuestas técnicas y estímulos ideológicos", en Víctor García de la Concha (dir.), *Historia de la literatura española*, vol. 9, Madrid, Espasa, pp. 3-10.

TALLÓN, Juan (2022), *Obra maestra*, Barcelona, Anagrama.

TASIS MORATINOS, Eduardo (2014), *El exilio en la poesía de Tomás Segovia y Angelina Muñiz Huberman*, Oxford, Peter Lang.

Tijerina Martínez, Francisco Gerardo (2021), "La inespecificidad ética de la *Permanente obra negra* de Vivian Abenshushan", *Inti: Revista de literatura hispánica*, 1 (93), pp. 180-186, en https://digitalcommons.providence.edu/inti/vol1/iss93/13 (fecha de consulta: 03/06/25).

Vila-Matas, Enrique (2014), *Kassel no invita a la lógica*, Barcelona, Seix Barral.

Vila-Matas, Enrique (2016), *Marienbad eléctrico*, Barcelona, Seix Barral.

Vílchez Ruiz, Carmen E. (2007), "Literatura y pintura. *Jusep Torres Campalans*, una novela cubista", *Arbor*, 183 (726), pp. 503-510. DOI: https://doi.org/10.3989/arbor.2007.i726.122.

I. TINTA EXPANDIDA: APROXIMACIONES TEÓRICAS

ESCRITURAS MULTIMODALES Y FORMATOS MUTANTES: HACIA UNA EDUCACIÓN LITERARIA EXPANDIDA

Mario Aznar
Universidad de Murcia

Introducción

Este texto, que se presenta como un laboratorio de palabras, imágenes y desvíos, tiene como propósito compartir, no una tesis cerrada ni una fórmula magistral, sino un mapa de derivas —a veces nítidas, a veces brumosas— por las formas que adopta la literatura cuando decide dejar de comportarse como literatura. Es por ello un placer abrir este volumen que se despliega bajo un lema que, por sí solo, ya merece una digresión: "El lienzo que todo lo cuenta". ¿Y si todo pudiera contarse desde un lienzo? ¿Y si el texto, en vez de fluir por líneas y párrafos, se desplegara como una imagen, a lo largo y ancho del espacio? No en vano el lienzo es una pieza textil, de fibras entrelazadas o tejidas, del latín *textus*. Una estructura de tramas e interconexiones que es al mismo tiempo superficie matérica —espacial— y conceptual, en referencia al rey de la abstracción al que llamamos *tiempo*. Es en esa idea de espacio narrativo donde quiero detenerme, o mejor, errar. Y para tratar de encontrar una respuesta, aunque sea tentativa, invitamos al lector a enfrentar el tópico, que hunde sus raíces en el *Laocoonte* (1767) de Lessing y en los orígenes de la historia del arte como disciplina, según el cual lo propio de la literatura es la narración de acciones y de caracteres en curso, mientras que la pintura y la literatura se ocuparían de la representación de objetos y figuras en un espacio. Probemos, pues, a trazar una cartografía interartística que permita pensar la literatura y el arte contemporáneo como territorios porosos, donde leer es también mirar, y mirar es, inevitablemente, leer.

1. Tradición verbovisual: una genealogía del entrecruce

Si algo ha caracterizado la historia de la literatura desde sus orígenes es su porosidad con respecto a otros lenguajes. La literatura, contra lo que algunas concepciones logocéntricas han querido fijar, nunca ha sido puro texto ni mera secuencia de signos lingüísticos. La tradición verbovisual, ese espacio de intersección entre palabra e imagen, constituye no una anomalía sino una constante —un palimpsesto cultural que se reescribe desde la Antigüedad hasta las estéticas contemporáneas más radicales.

Desde los *technopaegnia* griegos —como los caligramas de Simmias de Rodas— hasta los *carmina figurata* romanos, pasando por los laberintos medievales o los emblemas barrocos, la palabra escrita ha jugado con su forma, con su disposición en la página, con su poder de evocación visual. Lejos de entender la imagen como ilustración subordinada al texto, estas prácticas revelan una voluntad de cohabitación simbiótica: la forma del poema es su sentido.

Este linaje se reactiva de manera especialmente fértil en el Renacimiento, donde el redescubrimiento de la mímesis aristotélica se entrelaza con el deseo de alinear forma y contenido. El texto adopta la forma del objeto descrito, y la disposición visual se convierte en argumento. En obras como las de Juan Caramuel de Lobkowitz, el ingenio visual se transforma en dispositivo retórico y en estrategia de seducción del lector.

No obstante, como ha recordado recientemente Vicente Luis Mora en su libro *Construir lectores* (2024), cierto complejo de superioridad por parte de la cultura escrita insiste en la idea de que las representaciones visuales son tan específicas que la mente se esfuerza poco en pensarlas —atrofiándose, cabría pensar. Pero el tiempo y algunas prácticas creativas han puesto en jaque esta iconofobia o denigración de lo visual al demostrar que "una imagen puede cargarse de resonancias metafóricas complejas" (2024: 107), y que lo plástico es también un símbolo interpretable. Así, es con las vanguardias del siglo XX cuando esta tradición se dinamiza y adquiere nuevos registros expresivos. Apollinaire, con sus caligramas modernos, abre una vía de experimentación donde el poema se convierte en imagen y viceversa: un juego de permutaciones donde el significante adquiere cuerpo. El futurismo, el dadaísmo y el letrismo radicalizan esta dimensión, disolviendo las fronteras entre texto y objeto, entre poema y tipografía, entre escritura y acción.

En esa misma estela, la poesía concreta —con Eugen Gomringer y los brasileños del grupo Noigandres— y la poesía visual iberoamericana —con figuras como Clemente Padín, Edgardo Vigo o Guillermo Deisler— consolidan un nuevo paradigma en el que la disposición gráfica, el silencio tipográfico y la textura visual del texto se convierten en el centro de la producción poética. Aquí no se trata ya de representar, sino de intervenir el lenguaje desde su materialidad misma. Como veremos, este legado ha encontrado en la era digital una nueva vida. El cruce entre texto e imagen se ha expandido más allá de la página para habitar la pantalla, el espacio expositivo, el cuerpo y la voz. La "pantpágina" —término acuñado por Vicente Luis Mora (2012) — redefine el texto como interfaz, como entorno que aloja imágenes, signos sonoros, vínculos hipertextuales y también afectos.

La genealogía de lo verbovisual es, por tanto, la historia de una resistencia: la de la literatura contra su reducción a mero discurso lineal. Una literatura que en sus momentos más vibrantes ha desbordado los márgenes del texto para inscribirse en lo visual, lo espacial y lo táctil. La tradición verbovisual, por tanto, no es solo un archivo de formas, sino un campo de tensiones estéticas que anticipa y acompaña las transformaciones del lector, del autor y de la obra.

2. LITERATURA EXPANDIDA: DEL TEXTO AL DISPOSITIVO

La noción de literatura expandida no se limita a una simple ampliación temática o formal. Se trata, más bien, de una mutación ontológica del hecho literario. Es el tránsito desde el texto como objeto cerrado y autónomo hacia un conjunto de prácticas intermediales, pluridimensionales y procesuales donde la literatura se convierte en un dispositivo cultural poroso, inestable, en constante reformulación. En este sentido, la literatura ya no se define solo por su inscripción en el lenguaje verbal, sino por su capacidad de conectar con otros lenguajes —visuales, sonoros, performativos, digitales— y de asumir el cuerpo, el espacio y el tiempo como condiciones de su existencia.

El concepto, aunque difuso y en construcción, se inspira en la famosa idea del "campo expandido" propuesta por Rosalind Krauss en 1979, y en particular en su análisis de las transformaciones de la escultura contemporánea. Aplicado a la literatura, el término señala una apertura hacia lo intermedial y lo transdisciplinar, un desplazamiento de la obra hacia la experiencia, del texto hacia el entorno. Este giro implica necesariamente una transformación radical en la concepción de la autoría, de la lectura y del propio objeto literario. Ya no se trata solo de leer un libro, sino de habitar una situación estética y activar una serie de relaciones entre códigos heterogéneos. Como señala Ana Pato (2012), estamos ante una forma de "literatura pluridimensional" que convoca no solo nuevos modos de escritura, sino también nuevas formas de lectura y, en consecuencia, de lector: el lectoespectador, figura híbrida que interpreta, contempla, recorre y ensambla ese lienzo de cuatro dimensiones al que podríamos llamar, expoliando el título de Maurice Blanchot, el "libro por venir".

En este nuevo régimen, el libro impreso deja de ser el único soporte válido del hecho literario. Las obras pueden presentarse como instalaciones, *performances*, piezas sonoras, vídeos, intervenciones digitales o artefactos interactivos, incluyendo los videojuegos —algunos de carácter marcadamente literario, como *Hotel Dusk: Room 215* (2005) o *Alan Wake* (2010). Desde las cajas Fluxus hasta las *cancellature* de Emilio Isgrò, desde los textos codificados de Graciela Speranza hasta los proyectos de literatura digital interactiva, la literatura se vuelve un arte de conexiones, de montaje, de relaciones. Su sentido no se clausura en la página, sino que se despliega en el tiempo y el espacio de la experiencia.

El término "expansión" se vuelve aquí crucial: no designa un exceso cuantitativo, sino una voluntad de fuga del sistema literario tradicional. Tal como sugiere Mario Perniola (2015), lo artístico —y por extensión, lo literario— no reside ya en el objeto, sino en la atribución de esteticidad, en el gesto que declara algo como arte y como literatura. En ese gesto reside también su potencia crítica: la literatura expandida desestabiliza los formatos consagrados, rompe con la linealidad narrativa, introduce el azar, la performatividad, la contingencia.

Esto no implica la disolución de lo literario, sino su reformulación. Lo que se expande no es solo el texto, sino la idea misma de literatura. Y con ella, el modo en que pensamos la creación, la lectura, y también su pedagogía. La literatura expandida es, en el fondo, una herramienta epistemológica para pensar la cultura contemporánea en toda su complejidad y transmedialidad.

3. Espaciar el tiempo narrativo: entre instalación y *performance*

Si la literatura expandida propone una fuga del texto tradicional hacia territorios intermediales, es en la instalación y en la *performance* donde esta fuga se concreta con mayor fuerza poética. Ambas prácticas desbordan los límites del libro y del tiempo lineal, transformando la lectura en un recorrido corporal, espacial y efímero. En este contexto, la obra literaria ya no se reduce a un texto impreso, sino que deviene escena, situación e incluso dispositivo vivencial.

Un caso paradigmático es el proyecto *Instant Narrative* (2008) de Dora García, en el que un *performer* escribe en tiempo real lo que ve en una sala de exposiciones, y ese texto se proyecta de inmediato en una pantalla visible para el público. Aquí el visitante se convierte en personaje, en lector y en coautor de una narrativa fugaz, generada por su mera presencia. La literatura, en este ejemplo, se activa en la mirada y en la acción, y su sentido está siempre en proceso de construcción. Otro ejemplo emblemático lo encontramos en las colaboraciones entre Enrique Vila-Matas y la artista Dominique Gonzalez-Foerster, particularmente en *Marienbad eléctrico* (2015) y *Bastian Schneider* (2017). En estas obras, la escritura se articula como conversación, como *performance* oral transcrita o como escena compartida. La instalación artística se convierte en matriz narrativa, y la literatura adopta una lógica de montaje, más cercana al cine o al museo que a la novela convencional.

Marienbad eléctrico, concretamente, recoge las conversaciones mantenidas por el autor con Gonzalez-Foerster en cafés parisinos, pero al ser publicadas en forma de libro, se transforman en una instalación escrita, en un simulacro de conversación. En *Bastian Schneider*, la *performance* se activa en la lectura pública de un texto en la que la artista aparece disfrazada de Kafka y de Marlene Dietrich. En ambos casos, la presencia, el gesto y la teatralidad se integran al tejido literario como elementos significantes.

En un atisbo global, podríamos añadir aquí las intervenciones del artista Tim Youd, quien reescribe obras completas de la literatura mundial con una sola máquina de escribir y una sola hoja de papel, superponiendo las letras hasta volverlas manchas negras. O los libros intervenidos de Ezequiel Alemian, Fabián Cacero y Enrique Cabezón, que tachan, reescriben, doblan o encuadernan de maneras insólitas. O la obra de culto *El hacedor (de Borges) Remake* (2011) de Agustín Fernández Mallo, donde el autor reimagina el libro de Borges como un archivo textovisual expandido.

Estos ejemplos no son anecdóticos: revelan un cambio de paradigma. La literatura ya no solo se lee; se visita, se activa, se habita. El lector deviene paseante, espectador, incluso *performer*. Como apunta Boris Groys (2014), la instalación no se limita a una disposición de objetos, sino que introduce una dimensión narrativa que exige ser recorrida. En definitiva, la plástica abraza su temporalidad, mientras que la literatura contemporánea que se alinea con esta lógica adopta la forma de un espacio que se atraviesa, donde el sentido no está dado, sino que se ensambla en el desplazamiento y en la deriva.

En suma, estos casos nos invitan a reconsiderar qué significa "leer" hoy. Leer no es ya decodificar un mensaje lineal, sino implicarse en una experiencia estética compleja, multimodal, donde el texto es solo una de las capas de significación. La instalación y la *performance* literarias son, en este sentido, las formas vivas de una narrativa que ha aprendido a pensar con el cuerpo y con el espacio, y no solo con el tiempo y la duración que les son propios.

4. Formatos mutantes: del libro al entorno

Una de las transformaciones más sugerentes de la literatura contemporánea radica en el modo en que ha abandonado su vieja morada —el libro tradicional, la página tipográfica, la linealidad impresa— para desplazarse hacia otros espacios, soportes y estructuras. Este fenómeno, lejos de ser una mera ampliación de formatos, implica una mutación de su propio estatuto ontológico: el texto se vuelve entorno, interfaz, atmósfera. Lejos de la clausura del volumen encuadernado, la literatura deviene arquitectura narrativa, instalación conceptual o incluso experiencia inmersiva.

Este tránsito de "forma" a "formato" no es superficial, sino estructural. Como advierte Sergio Chejfec (2015), hay una literatura que ya no se define tanto por su argumento o por su estilo como por la organización material del texto, por su puesta en escena material y sensorial. La obra puede parecer una novela, pero estar diseñada como un *collage* de diagramas ensamblados (como *Conjunto vacío*, 2015, de Verónica Gerber), puede adoptar el cuerpo de una caja pero operar como un libro performativo (como *Permanente obra negra*, 2019, de Vivian Abenshushan), puede adoptar el cuerpo de una novela pero operar como un archivo fotográfico incompleto (como *Los Modlin*, 2013, de Paco Gómez), puede encarnar la forma de una novela-museo (como *El nervio óptico* de María Gainza), o incluso alojarse en un espacio expositivo y reclamar ser leída paseando (como ocurre en las instalaciones de Gonzalez-Foerster o en *Membrana* [2021] y *Todos los museos son novelas de ciencia ficción* [2022], de Jorge Carrión).

La idea de pantpágina¸ antes mencionada, resulta especialmente útil aquí. En este concepto se funden las nociones de pantalla y página, reconociendo que, hoy en día, el texto puede escribirse con conciencia de su visualidad y de su interfaz. La literatura se convierte, así, en una superficie donde pueden coexistir palabras, imágenes, vínculos, animaciones y sonidos. Una superficie donde se dramatiza la escritura y se espacializa la narrativa.

Esta espacialización se manifiesta, por ejemplo, en las obras que reorganizan el libro como un objeto escultórico o interactivo. El libro-objeto y la escritura asémica —con prácticas y recursos que recorren por igual verso y prosa, como el tachado en todas sus formas— renuncian a la legibilidad convencional para poner en juego la materia gráfica del lenguaje y dan cuenta de esta implosión de los códigos tradicionales. A la inversa, la literatura digital, las instalaciones o los proyectos expositivos en galerías y museos representan el momento de expansión: cuando el texto irradia más allá de sí mismo, diseminando sus fragmentos en un entorno que el lector debe recorrer.

En este nuevo ecosistema, los antiguos marcos del arte literario —tipografía, encuadernación, distribución— pierden su rigidez. Se ven saboteados, reformulados o directamente suprimidos. Como en un dispositivo móvil, un ordenador o una televisión con la pantalla agrietada, la página se vuelve visible y gana protagonismo cuando se rompe. Las páginas pueden estar en blanco, tachadas, rotas, intervenidas. El libro puede ser único, efímero o transitable. Y el lector, en lugar de sentarse a leer, puede tener que caminar, mirar, escuchar e interactuar. El formato se transforma en una gramática estética que es también una política del acceso al texto y, por ende, al conocimiento, como ocurre en *El museo de la bruma* (2019), del chileno Galo Ghigliotto, donde la estructura museística da forma a un libro que navega entre lo visible y lo invisible —o mejor lo oculto, lo vedado a la vista— como una forma de denunciar las prácticas colonialistas y exterminadoras en Tierra del Fuego.

Se plantea así una pregunta clave: ¿cuándo un libro sigue siendo un libro? ¿Qué condiciones mínimas debe cumplir para ser considerado literatura? ¿Puede un archivo de voz, una coreografía o un mural —como el del esquizofrénico Nanetti que recoge Raúl Quinto en *La canción de NOF4* (2021)— ser una "novela"? Estas preguntas, lejos de ser provocaciones retóricas, afectan al modo en que comprendemos la producción simbólica en nuestro tiempo. La respuesta, si la hay, está en esa zona borrosa donde el texto se deshace como categoría y se reconstruye como entorno, como experiencia y como interfaz sensible.

De ahí que podamos afirmar que ciertas prácticas contemporáneas nos recuerdan que la literatura no reside solo en lo que dice, sino en cómo se configura, en cómo se expone, en cómo se recorre. Los formatos mutantes no son solo síntomas de una época mediatizada; son, más profundamente, los dispositivos a través de los cuales la literatura explora nuevas formas de habitar el mundo.

5. Educar la mirada: hacia una nueva alfabetización cultural

En el contexto de una cultura saturada de imágenes y mediaciones digitales, la alfabetización literaria exige ampliar sus marcos epistemológicos más allá del texto verbal lineal. Educar la mirada, en este sentido, no es simplemente entrenar una competencia perceptiva, sino formar una disposición crítica y estética ante los dispositivos culturales que articulan nuestra experiencia del mundo. Esta perspectiva se inscribe en la tradición de la semiótica social (Kress y van Leeuwen, 2001), donde la lectura es entendida como una práctica multisensorial, situada y atravesada por múltiples modos de significación.

En la formación del profesorado, este enfoque adquiere especial relevancia: leer literatura en el siglo XXI implica no solo decodificar palabras, sino interpretar la forma en que el lenguaje interactúa con imágenes, sonidos, gestos o materialidades. Desde este marco, la mirada deviene herramienta crítica que permite cuestionar las convenciones de legibilidad y descubrir el potencial ético y político de la forma.

La literatura infantil y juvenil contemporánea ha desarrollado con particular intensidad esta dimensión visual y material del texto. Autoras como Isol (Premio Astrid Lindgren 2013) han explorado las posibilidades narrativas del libro álbum desde una concepción expandida de la lectura, en la que el lector infantil debe ensamblar sentido a partir del montaje entre palabra e imagen, texto y blanco, tipografía y ritmo visual. Obras como *Tic Tac* (2007) o *Secreto de familia* (2003) exigen una lectura que activa tanto la mirada como la imaginación, interrumpiendo la linealidad del relato e introduciendo espacios de ambigüedad interpretativa.

Del mismo modo, autores como Shaun Tan —cuyo libro *Emigrantes* (2006) ha sido ampliamente estudiado en el ámbito educativo— proponen narrativas visuales sin texto que invitan a una lectura basada en la observación detenida, la inferencia simbólica y el desplazamiento emocional. Estas obras, al desestabilizar la primacía del código lingüístico, promueven una pedagogía de la imagen que desafía el modelo tradicional de comprensión literal, tal como señalan Durán Rivas *et al.* (2023) en su revisión del currículo de Educación Primaria desde la LOMLOE.

En este contexto, la literatura expandida —tanto para adultos como para niños— ofrece un repertorio fértil para pensar la lectura como una experiencia intermodal. La tradición del álbum ilustrado, el cómic experimental o los libros-objeto se sitúan en continuidad con las formas de escritura que combinan visualidad y textualidad, y que encuentran en el aula un espacio privilegiado para la alfabetización estética.

Desde el ámbito de la Didáctica de la Literatura, integrar estos textos en la formación inicial del profesorado permite desarrollar competencias interpretativas complejas, fomentar la sensibilidad hacia la materialidad del lenguaje y legitimar modos de lectura que implican cuerpo, mirada y subjetividad. En este sentido, educar la mirada es también una forma de educar la imaginación crítica, entendida como la capacidad de leer lo que está y lo que falta, lo que se ve y lo que se silencia. Leer imágenes es también leer el mundo que las produce. Formar docentes capaces de activar esta lectura ampliada supone reconocer que, en una época de aceleración icónica y textual, la mirada se convierte en una forma de resistencia cultural, pero también en una práctica de cuidado epistemológico.

6. Lo ILEGIBLE COMO POSIBILIDAD: INVITACIÓN A UN CORPUS

Una de las principales rupturas que introduce la literatura contemporánea —y con ella, muchas prácticas poéticas actuales— es el cuestionamiento del ideal de transparencia textual. Frente al modelo de lectura escolar centrado en la descodificación literal y la recuperación de significados unívocos, la literatura experimental propone una poética de la resistencia: textos fragmentarios, abiertos o formalmente complejos que desestabilizan al lector y lo enfrentan a su propia expectativa de comprensión.

Esta "ilegibilidad" no debe ser entendida como fracaso interpretativo, sino como una estrategia estética y política que sitúa al lector en una posición de extrañamiento, activando una lectura crítica, plural y situada. Como hemos planteado en otro lugar (Aznar, 2024), la literatura ilegible abre un espacio para la ética del lector: no se trata de alcanzar un sentido último, sino de convivir con la ambigüedad, la incompletud y la multiplicidad de perspectivas.

Desde la teoría de la recepción, este enfoque encuentra respaldo en los trabajos de Wolfgang Iser (1987), quien define los textos literarios como estructuras incompletas que deben ser actualizadas por el lector a través de la activación de sus esquemas de experiencia y sus horizontes de expectativas. Leer, así, es entrar en un proceso dialógico con la obra, no solo para decodificarla, sino para significarla en relación con uno mismo y con el contexto social.

En el ámbito de la literatura infantil y juvenil, esta poética tiene un correlato significativo. Aunque frecuentemente se asume que los textos para la infancia deben ser claros, lineales y pedagógicamente "seguros", existen numerosas obras que desafían estas convenciones, introduciendo elementos de opacidad, silencio o ambigüedad semiótica. Álbumes como *La ola* de Suzy Lee (2008), sin palabras, pero cargado de sentido simbólico, o *El pato y la muerte* de Wolf Erlbruch (2007), que aborda con sutileza la finitud, son ejemplos de textos que interpelan profundamente al lector sin ofrecer respuestas cerradas.

Una referencia ineludible en este campo es la serie de libros ilegibles (*libri illeggibili*) creados por Bruno Munari a partir de los años cincuenta. Estos libros, compuestos por páginas de distintos colores, materiales, texturas y formas, no contienen palabras, sino que están diseñados para ser "leídos" a través del tacto, la vista y el juego perceptivo. Munari entendía la lectura como una experiencia multisensorial y confiaba en la capacidad del libro para estimular la curiosidad y no necesariamente para saciarla. Lejos de negar el acto lector, sus obras expanden sus propias posibilidades, proponiendo una alfabetización estética desde la infancia que privilegia la exploración, el ritmo visual y el pensamiento divergente. Estas piezas, recuperadas hoy desde el arte conceptual y la pedagogía activa, ofrecen una vía alternativa para introducir la ilegibilidad como un ejercicio creativo y formativo.

Estos libros, al igual que otros en la línea de la LIJ de calidad estética, como *El libro negro de los colores*, de Cottin y Faria (2008) o *Migrantes*, de Issa Watanabe (2019), proponen una experiencia lectora que exige observación, interpretación simbólica y empatía. La ilegibilidad —en estos casos— no es un obstáculo, sino una invitación a leer con el cuerpo, con los silencios y con la imaginación ética. Este tipo de lectura favorece, como señala Mendoza Fillola (2004), una formación del sujeto lector como agente sensible, crítico y éticamente comprometido.

Así entendida, la ilegibilidad se convierte en categoría didáctica: no para excluir, sino para desafiar; no para silenciar, sino para abrir el texto a múltiples lecturas. Educar desde esta poética es formar lectores capaces de habitar la incertidumbre con imaginación crítica y sensibilidad ética, con el propósito de que puedan asomarse al ecosistema vibrante y profundamente original que la expansión de lo literario ha generado en el ámbito hispánico, donde las fronteras entre escritura, arte, curaduría y crítica se diluyen hasta volverse permeables. Aquí, la literatura expandida no es solo una categoría teórica importada, sino una práctica viva que articula la obra de escritores, artistas visuales y *performers* que entienden el lenguaje como materia, como espacio, como acción. En esta constelación, el texto ya no se limita al libro: se proyecta en el museo, se activa en la escena y se deforma felizmente en la instalación.

Enrique Vila-Matas es quizá el exponente más emblemático de esta transformación. A través de obras como *Kassel no invita a la lógica*, *Marienbad eléctrico*, *Bastian Schneider* y *Una novela oblicua*, el autor catalán ha desplazado la novela hacia una lógica expositiva, rizomática, instalativa, que refuerza con su aparición en presentaciones y conferencias. Su diálogo con artistas como Dominique Gonzalez-Foerster, Sophie Calle o Dora García es más que una colaboración: es una forma de coescritura intermedial donde la ficción se confunde con la crítica, la narrativa con la curaduría, la lectura con el recorrido.

Una novela oblicua acompaña una exposición comisariada por el propio Vila-Matas en la Whitechapel Gallery, de Londres, donde el texto se ofrece como guía, como comentario y como pieza autónoma a la vez. Este juego de roles —autor, narrador, curador— reactiva la figura del *Versteller*, aquellos narradores checos que Kafka admiraba por su capacidad de añadir relato a la película muda: es decir, de crear literatura desde el margen, desde la interferencia creativa.

Pero desde luego Vila-Matas no está solo. En el panorama contemporáneo iberoamericano abundan los autores que ensayan nuevas formas de textualidad: Sergio Chejfec, con su escritura errante, cartográfica y objetual (*Teoría del ascensor*, *Últimas noticias de la escritura*); Mario Bellatin, con sus libros mutantes, injertos editoriales e instalaciones performativas; Graciela Speranza, que trabaja la crítica como arte expandido; Agustín Fernández Mallo, con sus novelas transmediales que citan, remezclan e hibridan lenguajes; María Gainza, que convierte la crítica de arte en ficción especulativa; o Verónica Gerber, que dibuja sus narraciones a través de diagramas y gráficos que son tanto escritura como imagen. El correlato editorial de esta tendencia —o nueva sensibilidad poliartística— la encontramos en proyectos culturales como Comisura, un sello que aboga por el diálogo entre fotografía y escritura, con proyectos textovisuales como *Gabinete de la posi-*

bilidad (2023), en el que tuvimos la suerte de participar junto a autores como Juan Gómez Bárcena, Layla Martínez o Alejandro Morellón.

El campo de producción se abre también hacia artistas visuales que trabajan con la palabra como materia: Jaume Plensa, Almudena Lobera, Virginia Villaplana, entre muchos otros. Todos ellos borran la línea que separaba al escritor del artista, al texto de la obra plástica, al lector del espectador. Como ha demostrado el proyecto *The Book Lovers*, curado por David Maroto y Joanna Zielińska, la novela puede entenderse como un medio artístico en sí mismo: un formato expandido que se presta a la instalación, a la *performance* y al archivo.

Este cruce constante entre arte y literatura en el mundo hispánico implica una reconfiguración de los modos de producción y de los regímenes de lectura. El autor ya no escribe únicamente para ser leído, sino también para ser visto. El lector, por su parte, deviene paseante, curador, a veces *performer* involuntario. Esta transformación tiene implicaciones estéticas, pero también políticas: cuestiona la autoridad del autor, desjerarquiza los géneros y propone una circulación transnacional y multilingüe de las formas.

Así, el caso hispánico se presenta como un laboratorio privilegiado para observar la literatura expandida en acción. Una literatura que no teme contaminarse, que se asume como práctica inestable, que celebra el montaje, la errancia, el archivo y la apropiación. Una literatura, en suma, que ha dejado de ser solo texto para convertirse en espacio de pensamiento y forma de intervención crítica en el mundo.

Conclusión: leer con el cuerpo, escribir con el mundo

Llegados a este punto, podríamos decir —con una sonrisa medio irónica, medio epifánica— que la literatura se nos ha ido de las manos. Se ha escapado del libro, ha saltado al museo, al cuerpo, a la pantalla, al aula, a la calle, al código informático. ¿Y saben qué? Está mejor que nunca. Más viva, más inquieta, más impura. Como esas criaturas mitológicas que, justo cuando creemos haberlas clasificado, cambian de forma. En esta expansión —que no es dilución, sino densificación— la literatura ha dejado de ser una línea de palabras para convertirse en un sistema nervioso que conecta disciplinas, soportes y lenguajes. El lector ya no solo lee: pasea, observa, escucha, edita, reescribe y habita. Y el autor ya no es solo un escribiente: es a veces *performer*, a veces curador, a veces *hacker*, siempre cómplice.

Todo esto nos obliga a repensar el qué, el cómo y el para qué de la lectura y la enseñanza literaria. ¿Cómo formar a un lector capaz de descifrar un poema visual, una novela performativa, una instalación narrativa o una obra de literatura digital? ¿Cómo cultivar una sensibilidad que no se asuste ante el tachón, el vacío, la imagen ambigua, el libro sin páginas —o "sin tapas", que diría Felisberto Hernández?

Tal vez la clave esté en educar también la mirada. Y el oído, la mano, la intuición. Enseñar a leer como quien aprende a bailar: con ritmo, con conciencia del espacio, con disposición al asombro. Leer con el cuerpo, escribir con el mundo. Porque si algo nos enseña la literatura expandida —esa traviesa, mutante y luminosa forma de escritura— es que la cultura no se hereda: se experimenta. Y que en ese experimento, cada lector es un artista en potencia, un montajista del sentido. Como un paseante en un museo sin muros, o como un lector perdido en una biblioteca que aún está por escribir.

BIBLIOGRAFÍA

AZNAR, Mario (2017), "El imperio de los signos: la «ciudad textual» en las novelas de Enrique Vila-Matas", en Alba Agraz Ortiz y Sara Sánchez Hernández (eds.), *Topografías literarias: el espacio en la literatura hispánica de la Edad Media al siglo XXI*, Madrid, Biblioteca Nueva, pp. 537-546.

AZNAR, Mario (2018), "Un arte general del signo: Imagen y escritura en las cancellature de Emilio Isgrò", *Escritura e Imagen*, 14, pp. 9-14.

AZNAR, Mario (2024a), "La escritura pensante de Graciela Speranza: concepto, errancia, tiempo (Notas sobre crítica expandida)", en David Soto Carrasco y María Dolores Adsuar Fernández (eds.), *Pensadoras hispánicas: fracturas de la identidad en España y América Latina (s. XVII-XXI)*, Madrid, Dykinson, pp. 25-44.

AZNAR, Mario (2024b), "Aprender a no leer: Ética y estética de lo ilegible", *Cuadernos Hispanoamericanos*, 889, pp. 54-57.

CHEJFEC, Sergio (2015), *Últimas noticias de la escritura*, Zaragoza, Jekyll & Jill.

DURÁN RIVAS, Carmen, Guadalupe JOVER GÓMEZ-FERRER, Rosa LINARES ROS y Mireia MANRESA POTRONY (2023), *La educación literaria en el marco de la LOMLOE. ESO y Bachillerato. Guía de orientaciones didácticas*, Madrid, Dirección General de Evaluación y Cooperación Territorial, Ministerio de Educación y Formación Profesional.

GROYS, Boris (2014), "Para una lógica de la instalación", en *Obras y palabras*, Buenos Aires, Caja Negra, pp. 47-63.

ISER, Wolfgang (1987), *El acto de leer*, Madrid, Taurus.

KRAUSS, Rosalind (2002), "La escultura en el campo expandido", en Hal Foster (comp.), *La posmodernidad*, Barcelona, Kairós, pp. 59-74.

MAROTO, David (2025), *La novela de artista: La novela como medio en las artes visuales*, Castejón, Greylock Editorial.

MAROTO, David y Joanna ZIELIŃSKA (curadores) (2011-actualidad), "The Book Lovers" [proyecto de investigación], en http://thebooklovers.info (fecha de consulta: 08/08/25).

MENDOZA FILLOLA, Antonio (2004), *La educación literaria. Bases para la formación de la competencia lecto-literaria*, Málaga, Aljibe.

MORA, Vicente Luis (2012), *El lectoespectador*, Barcelona, Seix Barral.

MORA, Vicente Luis (2024), *Construir lectores*, Madrid, Vaso Roto.

MUNARI, Bruno (2023), *Libro illeggibile MN 1*, Mantova, Edizioni Corraini.

PATO, Ana (2012), *Literatura expandida: Arquivo e citação na obra de Dominique Gonzalez-Foerster*, São Paulo, Sesc/Associação Cultural Videobrasil.

PERNIOLA, Mario (2015), *El arte expandido*, Madrid, Casimiro Libros.

SPERANZA, Graciela (2006), *Fuera de campo: Literatura y arte argentinos después de Duchamp*, Barcelona, Anagrama.

SPERANZA, Graciela (2017), *Cronografías. Arte y ficciones de un tiempo sin tiempo*, Barcelona, Anagrama.

ESCRITURAS EXPANDIDAS EN ESPAÑOL: IMÁGENES, PALABRAS Y SILENCIOS

Francisca Noguerol
Universidad de Salamanca

> Porque solamente siendo a la vez pensamiento, imagen,
> ritmo y silencio parece que puede recuperar la palabra
> su inocencia perdida, y ser entonces pura acción,
> palabra creadora.
> María Zambrano, *Hacia un saber sobre el alma* (2008: 49).

INTRODUCCIÓN

Atendiendo al título del encuentro que nos ha reunido —"El lienzo que todo lo cuenta: Narrativa y arte en el contexto hispánico contemporáneo"—, el presente trabajo pretende avanzar en el conocimiento de las escrituras expandidas contemporáneas en español. Se comentará la obra de autores de nuestro siglo que superan en sus obras el concepto tradicional de *literatura*, combinando diferentes sistemas semióticos para enriquecer la experiencia de la lectura en papel. Estas producciones acentúan el movimiento y el desplazamiento genérico, resultando especialmente adecuadas para retratar un periodo histórico marcado por profundas convulsiones, relacionado con el registro total de experiencias y el acceso aleatorio a las mismas.[1]

La estética, en consonancia, aspira según José Luis Molinuevo "a saber estar en la complejidad: el pensamiento en imágenes no se mueve en encrucijadas sino en tejidos, en redes" (2011: 7). Se continúa, así, la tradición de ruptura cimentada en las vanguardias históricas y seguida por la neovanguardia, ambición formulada por numerosos autores contemporáneos (Noguerol,

---

[1] Como consecuencia de ello, la cultura no es ya *representativa* de una realidad cartesiana, sino *presentativa* de realidades que coexisten con ella paralela o virtualmente (Gubern, 2007).

2020a) y constatada como clave para denunciar lo que no funciona en nuestra era del Capitaloceno (Noguerol, 2020b).

Se supera, así, la idea de que las narrativas experimentales son escapistas, como ha mostrado Marc James Léger en *Vanguardia: Socially Engaged Art and Theory* (2019). En América Latina, este hecho ha sido analizado por Sandra Contreras, que recalca la esencial conexión existente entre experimentación formal e interacción con el mundo característica de las exploraciones literarias del presente (2018: 8).[2]

Numerosos creadores post-2000 siguen esta línea de actuación, rechazando los preceptos de objetividad por abiertamente mentirosos y acabando con la dicotomía hecho real = verdadero/representación estética = falsa. De ese modo, practican un "realismo expandido" abierto a partes iguales a la memoria, la experiencia y los impulsos del subconsciente para dar cuenta de nuestro caótico presente, única estrategia posible para "hacer visible lo visible" y acabar, de este modo, con la anestesia perceptiva que nos atenaza. Con este objetivo, se ha llegado a una coyuntura ya detectada por Gonzalo Navajas en 2002:

> Estamos ante una situación insólita en los últimos cinco siglos de historia: por primera vez en ese largo período, la escritura ha pasado a formar parte de la crisis, se ha convertido en una fuerza motivadora fundamental de ella. La cultura del icono verbal roto es el fundamento constitutivo de la estética actual (2002: 93).

En esta situación, en nuestros días han alcanzado enorme difusión una serie de conceptos que definen ciertas producciones escritas atendiendo tanto a la importancia que conceden a las combinaciones semióticas —intermedialidades— como a su apuesta por las transposiciones entre medios. Es el caso de expresiones como la de "literaturas expandidas" (Bal, 2003), elegida por su amplitud conceptual para este trabajo, y otras que insisten en el rechazo de las fronteras manifiesto en estas creaciones: así ocurre con literaturas "fuera de campo" (Speranza, 2006), "postautónomas" (Ludmer, 2007), "multimo-

---

[2] Ticio Escobar aprecia una situación análoga en el arte contemporáneo, que privilegia la alegoría y los efectos de discurso sobre el símbolo y la belleza, hoy capturados por el mercado. Así, quedaría [al arte] "refundar un lugar propio, sede de su diferencia. Como ya no puede esgrimir las razones de la forma estética para demarcar su territorio (autónomo, hasta entonces), dirige su mirada grave a lo que está más allá del último límite: lo extraartístico, el mundo de afuera, la historia que pasa, la cultura ajena; en fin: la confusa realidad" (2004: 48).

dales" (Hallett, 2009), "impropias" (Fernández, 2014) o "inespecíficas" (Garramuño, 2015). El "nove" en estas obras es sintetizado Miriam Chiani en el prólogo a *Poéticas trans*:

> Expansiones de la literatura a través de distintos lenguajes y disciplinas, o de diversos medios (visuales, sonoros, performáticos), que le dan un giro a la escritura hacia otro lado y hacen de ella compuestos (unidades no simples, formadas de elementos diferentes) capaces de perturbar los circuitos usuales de la letra (el soporte libro, la línea, el silencio); apropiaciones y usos de diversas piezas, como mapas, pinturas, fotografías, composiciones musicales, para dar lugar a poéticas transversales (atravesadas de lado a lado, desviadas) donde la reflexión sobre la literatura se alimenta de otros códigos o sistemas que ponen al descubierto potencialidades de la poesía o el relato (2014: 7).

Los autores que apelan a una "otredad semiótica" (Mitchell, 2009: 42) desplazan la creación artística hacia la materialidad de los trabajos manuales. Operando sobre la escritura en sentido químico, parten de lo matérico para llegar a lo inmaterial. A partir de una realidad experimentada a través de la imagen (visual, sonora o de cualquier otro tipo), enredan conceptualmente la verbalización para llegar a la abstracción, pero nunca olvidan colocar el foco en el aspecto físico de su tarea.

De ahí que hablemos de una escritura "de la presencia", donde el significado y la temporalidad son superados por la idea de "materia situada en el espacio y acontecimiento singular" (Gumbrecht, 2012: 91-92).[3] Se libera así a la página de la exclusividad de la interpretación para dar entrada a imágenes, palabras y silencios entendidos en su dimensión material, aspectos a los que dedicaré las siguientes páginas.

1. IMÁGENES

Desde finales de siglo XX, se repiten los acercamientos críticos que insisten en la importancia del elemento visual en la última literatura[4] y los que vincu-

---

[3] En esta línea, Alain Badiou defiende la necesidad de "una filosofía más determinada y más imperativa, pero que sea al mismo tiempo más modesta, más distante del mundo y más descriptiva. Una filosofía que entrelace la singularidad del acontecimiento y de la verdad" (2010: 66).

[4] Es el caso de Giovanni Sartori (1998) o Fernando Rodríguez de la Flor (2009), por citar dos nombres significativos en este sentido.

lan este hecho a la tradición de las vanguardias (Ledesma, 2012). Para nuestro análisis, resultan especialmente estimulantes las reflexiones de quienes nos enseñan a leer las imágenes "de otro modo": es el caso de Vicente Luis Mora —*El lectoespectador: deslizamientos entre literatura e imagen* (2012)—, el ilustrador Peter Mendelsund —*Qué vemos cuando leemos* (2015)— o Nick Sousanis —en la tesis doctoral a modo de novela gráfica *Unflattening* (2015). Todos ellos concuerdan con lo que señaló Jacques Rancière al acuñar el término de "imagen pensativa" (2010): esta es capaz de generar pensamiento más allá de su representación de la realidad. Además, continúa Rancière en *El trabajo de las imágenes*, "unir una forma visible con otra, una frase con una imagen, es ya una forma de construir comunidad, de construir un tejido de lo común, que siempre es un tejido del entre" (2022: 74).[5]

El paso del textocentrismo al imagocentrismo revela, pues, la capacidad de la imagen para jugar con la indeterminación, instaurar una doble temporalidad y reflexionar sobre los límites entre realidad y ficción literarias. Así lo han hecho desde los albores del siglo XXI escritores como Edmundo Paz Soldán —*Sueños digitales* (2000)—, Mario Bellatin —*Shiki Nagaoka: una nariz de ficción* (2001), *Perros héroes* (2003), *Las dos Fridas* (2008), *Los fantasmas del masajista* (2009)— o César Aira, que incluye en *Fragmentos de un diario en los Alpes* (2002) este significativo párrafo para describir la tendencia a la "imagen material" característica de las letras contemporáneas:

> Lo que empecé a entender hoy es el uso de las imágenes, y su relación con los dueños de casa. Lo primero que hay que decir es que se trata de imágenes-objetos, objetos significativos, cosas que funcionan como signos. *Imágenes materiales* […] Toda la casa está poblada de los mismos objetos-imágenes, y lo demás son libros. Y de éstos una buena cantidad son libros de imágenes; los que no lo son, es porque están en el proceso de hacerse imágenes; el gusto de Michel se inclina definidamente por una literatura figurativa, o de génesis de imágenes (2002: 10. El énfasis es mío).[6]

---

[5] Esta concepción de la imagen recuerda la defensa del liminar —espacio de las metamorfosis y transiciones, ambiguo y abierto— frente a la frontera —limitadora, oclusiva y cerrada— postulada por Walter Benjamin en *Libro de los pasajes* (2005).

[6] Entre los escritores que siguen esta línea de composición, destaco nombres tan interesantes como los de Eduardo Lalo (*Donde*, 2005) y Norma Lazo (*El dolor es un triángulo equilátero*, 2005).

Por motivos de espacio, en la presente reflexión me circunscribiré, al hablar de *imágenes materiales*, a las fotografías borrosas o trucadas. En *Pliegues visuales: narrativa y fotografía en la novela latinoamericana contemporánea* (2013), Magdalena Perkowska analiza la importancia que adquieren en ciertos textos contemporáneos las fotografías mal enfocadas, que funcionan como advertencia de que algo se nos escapa, y que se convierten en enigma al aparecer como documentación, pero ser simulación.[7] A continuación, hablaré de la utilización de estas imágenes en dos bloques metanarrativos frecuentes en la más reciente literatura en español: aquel que reflexiona sobre las memorias cegadas por la violencia institucional y el dedicado a los contramapeos narrativos, que atienden a territorios signados por violencias históricas mal suturadas.

En la primera dimensión destacan títulos como *El pozo y las ruinas* (2011), en el que Jimena Néspolo aborda el tema de los desaparecidos durante la dictadura argentina. Para ello, imagina la historia de Seg Cabrera, fotógrafo que, tras el abandono inesperado de su esposa, indaga en su identidad y se descubre como probable hijo de represaliados. La trama, que encierra numerosos puntos ciegos por adentrarse en hechos sepultados en el pasado, expresa lo no dicho a ritmo de *thriller* y mediante un variado caleidoscopio de formas, que privilegian la dispersión frente a la progresión dramática e incluyen entrevistas de televisión, e-mails, diarios, diálogos registrados con cámara oculta, cartas, titulares de noticias, informes a la policía, canciones y capítulos de una telenovela llamada *Pedro el Rojo*, serie a modo de cajas chinas que los personajes de la historia siguen con interés. Pero en la obra importan, sobre todo, las referencias visuales; de ahí que Néspolo haya pensado en un protagonista que trabaja como reportero gráfico, y que ya en el inicio se reconozca el poder de revelación implícito en las imágenes:

> Hay algo, una porción de la realidad, que aun teniéndola enfrente nunca llegamos a ver; se sabe: en nuestro campo visual hay un punto ciego, un pedazo de mundo tan ínfimo como inobservable... Luego tenemos esa u otra fotografía que nos enfrenta al mundo y a la vez al tiempo, a ese instante de indefinición suprema, ese sortilegio hecho de espera y decisión trágica, ese

---

[7] Javier García Rodríguez resume esta estrategia en uno de los relatos incluidos en *La mano izquierda es la que mata*: "incluir, si se puede, imágenes, tomadas de aquí y de allá, aunque sean de mala calidad, sobre todo si son de mala calidad (condensarán el espíritu de época)" (2018: 40).

segundo en que la cámara capta lo que el ojo no, pero que luego el ojo abyecto reconoce como propio al verlo fuera de sí (2011: 32).

Lo más significativo de esta estrategia viene dado, así, porque las páginas de *El pozo y las ruinas* se encuentran salpicadas de fotos sin comentario.
Tomadas por la autora, a veces estas aparecen como notas a pie y otras en el
cuerpo textual, ocupando toda la página o solo una parte, bien realizadas o
mal enfocadas, firmadas por el protagonista o anónimas (con lo que se tradu-
cen recuerdos de infancia llegados directamente del subconsciente de Seg).
Sobre ellas recae gran peso de lo que vamos descubriendo como lectores, por
lo que llegamos al final de la obra con la conciencia de haber reunido sentidos en un ejercicio que conjuga la epifanía lírica, la meditación ensayística
y el relato.

Frente a estas "imágenes de ficción" hablemos, ahora, de las fotografías con base real empleadas por hijos de desaparecidos e insertas en relatos
de filiación. En "Lo invisible revelado. El uso de las fotografías como (re)
presentación de la desaparición de personas en Argentina" (2009), Ludmila
Da Silva subraya el uso diferenciado de las imágenes empleadas por los que
buscan: mientras las madres de las víctimas prefieren identificar a sus hijos
usando fotos civiles (tipo carnet), porque su última intención es saber qué les
ocurrió, los vástagos desean conocer las microhistoiras de sus progenitores,
lo que explica el rastreo de una intimidad que les fue arrebatada. De ahí su
interés en exhibir "imágenes de sus padres en situaciones cotidianas, donde
está retratada la familia y principalmente en las que ellos aparecen en brazos
de sus padres" (2009: 350). Este hecho se encuentra potenciado, obviamente,
porque estas son las *representaciones-objeto* que guardan.

Es el caso de Mariana Eva Pérez, protagonista de *Diario de una princesa
montonera —110% verdad—* (2012), relato fragmentado —quedan huellas
del blog que lo originó— en el que escarba en su experiencia como hija de
desaparecidos y hermana de un niño robado por el régimen. La intervención
continua de las fotografías, con superposición de dibujos y alusiones deso-
pilantes, da idea del trabajo de reinvención desarrollado por la autora. Así se
aprecia en el siguiente ejemplo, donde realiza una composición que le permite fotografíarse con su padre —ambos tienen aproximadamente la misma
edad en la imagen—, creando, con ello, un recuerdo imposible rubricado con
la frase "Mi primera foto con mi papá":

Fig. 1. "Mi primera foto con mi papá" (Pérez, 2012: 102).

La imagen borrosa, abocetada o intervenida recibe, pues, en estas páginas una atención privilegiada, constituyéndose en objeto esencial de las poéticas de la desaparición.[8]

Este recurso resulta, asimismo, fundamental en una serie de relatos de viaje que exploran en los últimos años espacios arrasados por la violencia, realizando un claro *contramapeo* del poder (Noguerol, 2024). Así ocurre en *Desierto sonoro* (2019), de Valeria Luiselli, paradigmático en su recurso a carteles, cuadernos, discos compactos, fotos de la más diversa procedencia (Velázquez Soto, 2023), y, desde el punto de vista de quienes se desplazan para recuperar unos orígenes signados por la emigración y la violencia, con "autoficciones de filiación" (Johansson y Vivanco, 2019) de viso autoetnográfico tan interesantes como *Poste restante* (2001), de Cynthia Rimsky; *Mar Negro* (2012) e *Infieles* (2017), de Ana Arzoumanian; *La tierra comenzaba a arder. Último viaje a Siria* (2019), de Cynthia Edul; o *Autobiografía del algodón* (2020), de Cristina Rivera Garza. En estas obras, la factura textovisual se logra a través de la incorporación de mapas, recortes y fotos tomadas a lo largo del trayecto, con las que se recuperan los recuerdos imposibles del pasado familiar y se relativiza la oposición entre prueba documental y ficción. Es lo que sucede en "Telégrafos habitados", fotografía inscrita en *Autobiografía del algodón*: en ella, pasado y presente entran en contacto gracias a que Rivera Garza imagina las figuras espectrales de sus abuelos en una pradera actualmente desierta.

---

[8] Para ampliar estas ideas, véase el artículo de Edoardo Balletta "Ausencia, resto, objeto: una propuesta de lectura de la fotografía argentina post-dictadura" (2015).

Fig. 2. "Telégrafos habitados" (Rivera Garza, 2020: 161).

2. Palabras

Exploremos a continuación "la concepción material de la escritura", comentando el potencial que adquieren las palabras en el papel. Hablamos, en este caso, de textos que se adscriben a lo que Jean-Gérard Lapacherie definió como textos *poligráficos* (en los que son empleados estilos distintos de una misma escritura), *heterográficos* (que utilizan simultáneamente varias escrituras diferentes) y *endo/exográficos* (los que recurren a una escritura que permite su legibilidad o la impide) (1990: 395-410).

De todo ello nos ofrece ejemplo la trilogía *80M84RD3R0* (2008-2010) de César Gutiérrez —*Ground Zero* (2008), *Estamos en el aire* (2009) e *Himno aéreo* (2010)—, difundida originalmente en formato blog bajo la licencia CREATIVE COMMONS, que sufrió importantes problemas para ser publicada por su carácter experimental, pero uno de los mejores testimonios sobre el contexto histórico que rodeó los atentados del 11-S de 2001 en Nueva York. En la obra se ofrece una panorámica del mundo contemporáneo, globalizado pero, al mismo tiempo, fragmentario, a través de un texto en el que las TIC, los medios masivos de comunicación y las nuevas relaciones geopolíticas adquieren protagonismo esencial. La narrativa delirante y maximalista de Gutiérrez da fe de estos hechos a partir de recursos visuales que interaccionan con el texto: desde fotografías de rostros y edificios, imágenes de santos y bombardeos de aviones sobre la *pantpágina*, a siluetas del World Trade Center antes y después del asalto, espacios en blanco y, sobre todo, juegos tipográficos por el que se recurre a ciento setenta y seis tipos de letras y treinta y seis de *webdings/wingdings*: no en vano se alude a todo tipo de marcas a través de una tipografía diferenciada a través de sus fuentes y su tamaño.[9] Así se aprecia en el siguiente fragmento, que ironiza sobre la pervivencia, contra viento y marea, de los grandes consorcios internacionales:

Remy, SCHILTZ, Shakey's, Toshiba, StarJEWELERS, TDK, MARSH & MCLENNAN, The Million Dollar Movie, TWA, TYRELL-CORP RATION , wakamoto, MorganStanley, CANTOR Fitzgerald, *Virgin-Records*, KLM, Salvatore Ferragamo, TimeOut , Schweppes, BOEING, *Carlyle Group*, HARTEN, HALLIBURTON, OXY, Chevron, *Arbusto Oil Energy* e, inclusive, UNITED AIRLINES y AMERICAN AIR-LINES: después de los luctuosos sucesos todos pensaban que las grandes y desaparecidas firmas jamás regresarían al distrito financiero –ni en sueños, pero las grandes firmas muertas y reconvertidas en corporaciones no aprenden la lección y han regresado como salmones río arriba (2008-2010: 54-53).

La innovación tipográfica se extiende a la utilización de símbolos que conviven con la letra. Lo apreciamos en el título, deudor del lenguaje *leet* de los *hackers*,[10] en frases como aquella en que se habla del «DI☼S S☼L» (2008-2010: 303 y 323), o cuando el narrador se pregunta por la potencia de los ciberataques a través de la red. En este momento, especialmente significativo, el blanco de página se ve sustituido por una serie de caracteres —*glitch* o errores informáticos que, en nuestros ordenadores, se manifiestan por la aparición de ciertos signos incomprensibles—, que representan el nuevo "blanco escritural" provocado por la tecnología. Así, desde el final de la página 78 a la 77 avanzamos en esta idea, para recuperar la comunicación en la página 76:

---

[9] Anouk Guiné advierte de que la escritura de Gutiérrez se fundamenta en un nuevo planteamiento de la "arquitectura de la novela y de los mecanismos de la escritura", entre los que destaca esa nueva relación entre las comunidades estructurales que conectan lo escrito hecho de "letras" y lo escrito hecho de "imágenes" como lo plantea la "téxtica" (Guiné, 2015: 363).

[10] El lenguaje *leet* —procedente de la expresión *Let speak* y deudor del concepto de *élite*— se define como un tipo de escritura compuesta de caracteres alfanuméricos, usada por algunas comunidades de internet para bloquear la comprensión a usuarios ajenos.

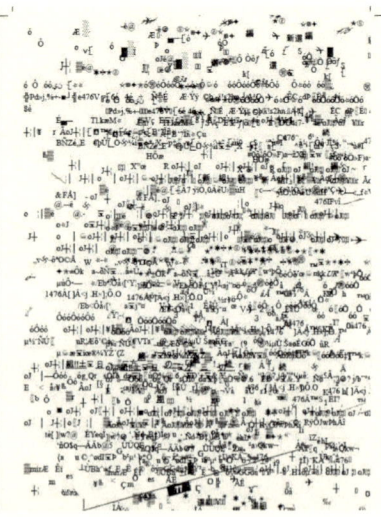

Fig. 3. Reflejo de ciberataque en *80M84RD3R0* (Gutiérrez, 2008-2010: 77).

Pero las palabras no solo pueden tematizarse iconológicamente: también pueden comunicar por su capacidad para rellenar huecos en una plantilla. Es el caso de Alejandro Zambra, que en *Facsímil* (2014) reproduce una época aciaga de la historia de Chile, marcada por la censura y el ascenso del neoliberalismo económico, a través de un texto estructurado a partir del ejercicio —denominado *facsímil* en Chile— con el que los chicos de Secundaria se enfrentaban a la entrada en la universidad. En la obra, Zambra plantea un desafiante juego tan abierto como cargado de malicia pues, a falta de narradores ni de progresión del relato, leemos por "lo que no se dice" (Noguerol 2020c). Así, las palabras comunican mucho más de lo esperado, como cuando se critica la carta magna legada por la dictadura pidiéndose que elijamos entre una de las cinco opciones desiganadas con una letra:

37. _____ las mil reformas que le han hecho, la Constitución de 1980 es una mierda.
A) Con B) Debido a C) A pesar de D) Gracias a E) No obstante (2015: 31).

Hablo, por último, de la importancia de las palabras tachadas en la página, a partir de las cuales se evidencia el expurgo sufrido por una obra y, en consecuencia, el lugar donde se acalló una voz autorial.[11] Destaco, en este sentido, la distopía gótico-futurista de Jimena Néspolo *Episodios de cacería* (2015), quien pone en boca de Artemisa, su protagonista, las siguientes palabras: "[…] entre las cosas en que he dejado de creer están las palabras. Ya no creo en su suficiencia comunicativa. Las palabras no dicen nada. Al contrario: ocultan todo. Cuanto más se dice, menos se comunica" (9). De ahí que, en la novela citada, se inserten numerosas líneas tachadas pero legibles pese a la raya que las atraviesa, que permiten conocer la variante silenciada del discurso de la protagonista frente al tribunal que la juzga. Las frases censuradas logran comunicar lo que no se quiere oír, denunciando la imposibilidad de expresar lingüísticamente un trauma y la necesidad de recurrir a otras vías para lograr este objetivo.

En la misma línea se encuentra *Palestina en pedazos* (2021) de Lina Meruane, *obra en progreso* que denuncia la "ceguera" con que abordamos el conflicto del país de sus ancestros a partir de numerosas estrategias: subepígrafes que fragmentan el texto en capítulos muy breves, titulados en minúscula para reivindicar las voces clandestinas que cuentan la historia palestina; frases paratácticas y breves; frecuentes blancos de página; y, especialmente, líneas tachadas con rotulador negro —de nuevo es posible adivinar lo que expurgan—, trazos frecuentes en la correspondencia que la autora mantiene con un amigo residente en Cisjordania y casado con una musulmana palestina (2021: 46).[12]

3. Silencios

Concluyo este trabajo analizando algunos ejemplos de *materialización* del silencio, hecho presente en numerosos textos contemporáneos tanto desde el punto de vista estructural como textual.

---

[11] No es lo mismo censurar un texto arrancando páginas que dejar testimonio de los pasajes amenazantes a través de la cancelación con tinta o pegando papel sobre las líneas, método que evidencia los lugares *a tener en cuenta* desde el punto de vista heterodoxo.

[12] En la sección "Volvernos otros", dedicada al lenguaje del conflicto, Meruane atiende de nuevo a la importancia *material* de ciertos conceptos escribiéndolos como si los deletreara, por lo que aumenta el espacio entre las grafías para denunciar la manipulación de la verdad llevada a cabo por los Estados Unidos. Es el caso de "silencio" (2021: 118), "casas arrasadas" (2021: 119) o "problema a eliminar" (2021: 121), entre otros.

En el primer caso destaca *La filial* (2013), de Matías Celedón, calificable indistintamente como texto-instalación, poema o novela fragmentada.[13] Celedón construye un "libro objeto" con una técnica "pobre", ajena a las sofisticaciones transmedia y cercana al trabajo manual. Así, elabora a mano timbres semejantes a los tampones usados en la administración para sellar documentos, con los que marca a golpe de tinta las doscientas páginas de su obra. Este hecho se explica en la "Nota de edición" inserta en la última página: "La filial fue escrito y realizado con un sello Trodat* 4253, con tipos móviles de 3mm y 4mm, en dos tablillas de seis líneas con un máximo de 90 caracteres por impresión" (203).

La materialidad de la escritura nos obliga a reaccionar ante cada mensaje, así como a tener en cuenta los huecos apuntados en la historia por diversos procedimientos: páginas en negro que abren y cierran el volumen o página final marcada con rayas, que obturan cualquier posibilidad de visión al identificarse con la persiana a través de la cual los personajes atisban el exterior. Por la parquedad de lo dicho, el tono "oficinesco" del lenguaje empleado —intensificado porque el tampón suele sellar órdenes—, los cambios en la diagramación de los mensajes —las palabras tachadas o incompletas, los mensajes borrosos, desequilibrados, escritos en diferentes colores—, se crea una sensación de permanente y opresiva tensión en el receptor a medida que avanza en la lectura.[14]

En cuanto al argumento, presenta visos claramente kafkianos: un corte de luz, debidamente anunciado y que dura trece días de 2008 —el año del *crack* financiero—, impide abandonar su lugar de trabajo, conocido como la filial — ¿fábrica, oficina, juzgado de guardia? — a un pequeño grupo de empleados, identificados como "el cojo", "la muda", "la sorda", "la ciega" o "el tuerto" para subrayar su "minusvalía" ante la maquinaria biopolítica. Verdade-

---

[13] Jorge Locane incluye la obra en el capítulo "Experimentaciones. Con el libro, con la palabra" de su ensayo *De la literatura latinoamericana a la literatura (latinoamericana) mundial. Condiciones materiales, procesos, actores*, donde leemos unas líneas que alaban el papel jugado por las editoriales independientes en relación con estas escrituras difíciles de maquetar: "Después de la experiencia con Random House Mondadori, donde cabría deducir que el margen para la experimentación resultaba estrecho para su proyecto, Celedón emigró a Alquimia y, con esto, también invirtió el itinerario natural, el prefijado para los escritores latinoamericanos" (2019: 193).

[14] La importancia de los blancos exteriores al texto ya fue reseñada por Álvaro Pineda Botero en su estudio sobre el marco en el discurso narrativo: "Los espacios blancos, ya sea que signifiquen silencio (en el tiempo) o vacío (en el espacio), son la armadura en donde se instala la obra. Son también los intersticios que permiten el encaje hacia adentro y hacia afuera, y el punto de contacto del lector con el texto; huecos por donde fluye el discurso, como agua que se escurre o rezuma por las ranuras de un recipiente" (1987: 171).

ros zombis existenciales, estos cuerpos precarizados signados por el "tedio" se debaten entre la inquietud que producen los gritos oídos fuera de la filial, las relaciones de violencia y deseo establecidas entre ellos (prácticamente sinónimas en estas páginas) o la indiferencia final por el destino de los otros, pues ni siquiera la misteriosa muerte (probable asesinato) de uno de ellos los lleva a rebelarse contra su situación. Cuando se restablece la luz, siguen sus vidas tan apáticos como al principio, aunque, en el camino, el narrador haya escrito mensajes que parecen aludir al necesario despertar de las conciencias —"tuve acceso a los informes", "vi las fotografías" (193-194)— y en un momento dado de la obra nos golpee la fotografía de una mujer probablemente desaparecida, clara alusión a lo sucedido en el pasado chileno (72).

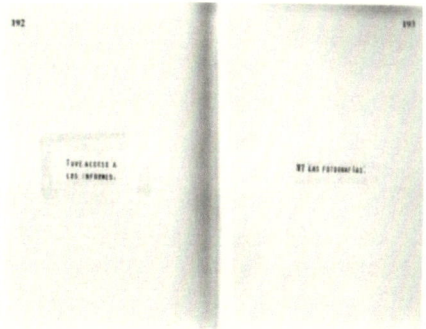

Fig. 4. Dos páginas de *La filial* (Celedón, 2013: 192-193).

Continuemos hablando del silencio considerado como signo, y no como negación del lenguaje. Ya lo apostilló en "La estética del silencio" Susan Sontag: "el silencio continúa siendo, inevitablemente, una forma del lenguaje (en muchos casos, de protesta o acusación) y un elemento del diálogo" (2007: 22). Consciente de que las nociones de silencio y vacío nos llevan a nuevas formas de aprehender el mundo, la ensayista definirá el silencio no como la pérdida de la palabra, sino como la retirada de esta a un lugar más resonante (28).[15] En la misma década, el filósofo Luis Villoro definió el silen-

---

[15] En una línea análoga de pensamiento, María del Mar Marcos Carretero recalca en *Silencio y visualidad. Representaciones del silencio en el arte contemporáneo (1999-2010)* que los objetos plasmados en un lienzo envuelto por este concepto "gozan de un alma propia, un aura los envuelve […] El silencio permite el acercamiento a los objetos desde su esencia" (2018: 47).

cio como un lenguaje basado en la *producción de presencia*, tal como vimos formulado arriba por Gumbrecht:

> El silencio significativo no figura ni representa nada. Sólo muestra una presencia tal que no puede ser representada por el símbolo. Por una parte, señala los límites esenciales de la palabra; por la otra, indica la pura presencia ahí, inexplicable, de las cosas. [...] De Dios, de la muerte, del sufrimiento, del amor, del hecho mismo de que algo exista no puedo dar cuenta con palabras, sólo puedo mostrar su incomprensible presencia (2016: 45-46).

Estas importantes aportaciones ensayísticas explican el interés de la artista visual Verónica Gerber por jugar espectrográficamente con sus silencios discursivos. La mexicana realiza, así, una radiografía de las pausas de los dos ensayos obviando las palabras —solo aparece una X sustituyendo la palabra "silencio", concepto nodal de la reflexión— y representando únicamente los signos suprasegmentales que las definen —comas, puntos y coma, dos puntos, puntos y seguido, puntos y aparte—, hecho que le permite materializar el mecanismo del silencio.[16]

Pero el interés por la representación material de palabras y silencios se muestra desde el comienzo de la trayectoria de Gerber. Lo manifiestan ensayos visuales como *Espacio negativo* (2005), que constituyó su tesis de licenciatura;[17] el realizado sobre *Las palabras y las imágenes*, de René Magritte (1929) —donde leemos "No vivimos en la era de la imagen: vivimos en la era caligramática" (Gerber, 2019: 16) —, y otros como *Diagramas del silencio* (2018), basado en textos sobre el asunto escritos por Emily Dickinson, Wislawa Szymborska, Lucian Blaga, Samuel Beckett, Alejandra Pizarnik, Anne Carson, John Cage, Edgar Allan Poe, Gloria Gervitz y Adrienne Rich.[18]

Entre todos los títulos dedicados a la materialización del silencio, quiero destacar su empleo de los diagramas de Venn en *Conjunto vacío* (2015), novela corta en la que, como hija de argentinos que debieron abandonar

---

[16] Véanse, en este sentido, las páginas https://www.veronicagerberbicecci.net/significacion-meaning (2016), para el trabajo sobre Villoro, que ha conocido su materialización en el formato libro (Gerber y Villoro, 2018), y https://www.veronicagerberbicecci.net/estetica-silencio-aesthetic-silence (2019), para el que realiza sobre el ensayo de Sontag.

[17] Consultable en https://www.veronicagerberbicecci.net/espacio-negativo-negative-space-.

[18] Véase https://www.veronicagerberbicecci.net/diagramas-silencio-diagrams-silence.

su país en 1976, reflexiona sobre el exilio y la memoria. Y lo hace desde el punto de vista de los que, como ella, nacieron y crecieron trasplantados a un lugar que no les pertenecía, criados entre dos nadas espaciales, entre silencios y borraduras solo definibles a partir del símbolo del conjunto vacío (Ø) elegido como portada de la novela. Así se plantea en este significativo fragmento:

> En mi familia todos se desmienten unos a otros y al final sólo quedan hoyos. Peor: nadie quiere hablar de los hoyos. En la primaria entendí que en México vive mi "familia nuclear", y la idea me convenció porque imaginaba una explosión que nos esparció a todos por el mundo. Esa bomba, en nuestro caso, se llama dictadura (2015: 33).

La novela cuenta la historia del desamparo provocado por la diáspora familiar. Esto explica que la autora escoja como hilo argumental la desaparición —o abandono, nunca queda claro— de la madre en la adolescencia de los hermanos protagonistas, y cómo este hecho repercute en sus vidas futuras, marcadas por el desamor, la orfandad y el desarraigo: en suma, por el vacío.[19] Para expresar este hecho, nada mejor que contar la historia con capítulos menguantes y frases cada vez más sintéticas, construidas en numerosas ocasiones en un lenguaje en clave en el que abundan las expresiones "al revés", las palabras truncadas y las disgrafías.

Como señala la protagonista, artista gráfica llamada también Verónica, "cuando un suceso es inexplicable se hace un hueco en alguna parte. Así que estamos llenos de agujeros, como un queso gruyer. Agujeros dentro de agujeros" (2015: 47). De ahí el recurso a los dibujos de esta narradora que, al mismo tiempo que aboceta su realidad, bucea en los archivos de una exiliada argentina, identificada gradualmente con la experiencia de su madre.

---

[19] El mejor ejemplo de este hecho se encuentra en un episodio que muestra a los dos hermanos como habitantes de un conjunto vacío (Ø) que evidencia su desamparo, situación que ellos guardan como secreto ante los demás, pero que los une y forja un "subconjunto invisible" entre ellos:

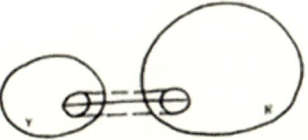

Fig. 5. Los hermanos, "Yo" (y) y "Hermano" (H), unidos por un lazo invisible (Gerber, 2015: 108).

Serán los diagramas de Venn —prohibidos durante la dictadura— los que permitirán expresar las partes incomunicables de su historia:

> A través de ellos se puede ver el mundo "desde arriba", por eso me gustan los diagramas de Venn. No hay mucha documentación al respecto, pero durante la dictadura militar en Argentina se prohibió su enseñanza en las escuelas. [...] Los diagramas de Venn son herramientas de la lógica de los conjuntos. Y la dictadura, desde la perspectiva de los conjuntos, no tiene ningún sentido porque su propósito es, en buena medida, la dispersión: separar, desunir, diseminar, desaparecer (2015: 91-92).

Ofrezco un ejemplo del empleo material del dibujo en un momento en que la narración explica con especial efectividad los países en los que entrevive la madre:

> Dos universos (U)
> O, más bien, dos países:
> Argentina (P1)
> México (2P)
> Y Mamá (M).
> Tal vez si aprendiéramos a estar en dos lugares al mismo tiempo.
> Mamá (M) encontró la forma de quedarse justo en medio, en un lugar donde nadie puede encontrarla (2015: 37).

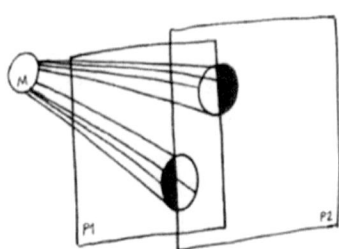

Fig. 6. "... En un lugar donde nadie puede encontrarla" (Gerber, 2015: 37).

Así como la madre habita un lugar intermedio entre dos países, Verónica (descrita con la inicial "Y", equivalente a "Yo") se mueve entre "nadas espaciales" evidenciadas por el negro de dos universos —UI y UII—, estableciéndose en el segundo un diagrama en blanco que representa a Argentina (A) y otro negro para México (Mx) (2015: 97).

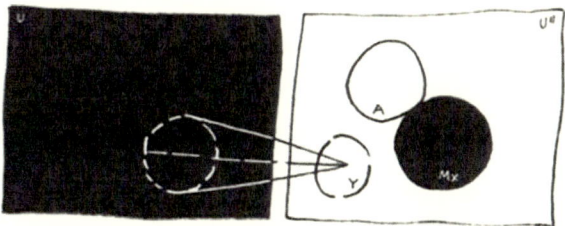

Fig. 7. La protagonista ("Y"), entre dos nadas espaciales (Gerber, 2015: 97).

CONCLUSIONES

Llega el momento de concluir este trabajo, que ha intentado demostrar la vigencia de las escrituras *materiales* en nuestros días. Herederas de las vanguardias, estas obras complejas y radicales, interesadas por comunicar sin atender a principios literarios consuetudinarios, suponen una refrescante apuesta por ampliar los caminos de nuestra percepción, anestesiados en nuestros días por garrulos éxitos de ventas y torticeras *fake news*. Se trata, en fin, de títulos que logran comunicar sin atender a la exclusividad de la escritura, resistiendo pensamientos adocenados y mostrando la extraordinaria potencialidad ofrecida por el hecho de activar nuestra percepción concreta de imágenes, palabras y silencios.

BIBLIOGRAFÍA

AIRA, César (2002), *Fragmentos de un diario en los Alpes*, Rosario, Beatriz Viterbo.

ARZOUMANIAN, Ana (2012), *Mar negro*, Santiago, Ceibo.

ARZOUMANIAN, Ana (2017), *Infieles*, Buenos Aires, Libros del zorzal.

BADIOU, Alain (2010), *La filosofía, otra vez*, Madrid, Errata Naturae.

BAL, Mieke (2003), "Meanwhile: Literature in an Expanded Field", *Journal of the Australasian Universities*, 99 (1), pp. 1-22.

BALLETTA, Edoardo (2015), "Ausencia, resto, objeto: una propuesta de lectura de la fotografía argentina post-dictadura", *Kamchatka*, 6, pp. 741-764

BELLATIN, Mario (2001), *Shiki Nagaoka: una nariz de ficción*, Buenos Aires, Sudamericana.

BELLATIN, Mario (2003), *Perros héroes*, México D. F., Alfaguara.

BELLATIN, Mario (2008), *Las dos Fridas*, Barcelona, Lumen.

BELLATIN, Mario (2009), *Los fantasmas del masajista*, Buenos Aires, Eterna Cadencia.

BENJAMIN, Walter (2005), *Libro de los pasajes*, Madrid, Akal.

CELEDÓN, Matías (2012), *La filial*, Santiago de Chile, Alquimia.

CHIANI, Miriam (comp.) (2014), *Poéticas trans. Escrituras compuestas: letras, ciencia, arte*, Buenos Aires, Katatay.

CONTRERAS, Sandra (2018), *En torno al realismo y otros ensayos*, Rosario, Nube Negra.

DA SILVA CATELA, Ludmila (2009), "Lo invisible revelado. El uso de fotografías como (re)presentación de la desaparición de personas en la Argentina", en Claudia Feld y Jessica Stites Mor (comps.), *El pasado que miramos. Memoria e imagen ante la historia reciente*, Buenos Aires, Paidós, pp. 337-361.

EDUL, Cynthia (2019), *La tierra comenzaba a arder. Último regreso a Siria*, Barcelona, Lumen.

ESCOBAR, Ticio (2004), *El arte fuera de sí*, Asunción, Fondec.

FERNÁNDEZ, Nancy (2014), *Poéticas impropias: Escrituras argentinas contemporáneas*, Mar del Plata, UNMDP.

GARCÍA RODRÍGUEZ, Javier (2018), *La mano izquierda es la que mata*, Gijón, Trea.

GARRAMUÑO, Florencia (2015), *Mundos en común. Ensayos sobre la inespecificidad en el arte*, Buenos Aires, FCE.

GERBER, Verónica (2015), *Conjunto vacío*, México, Almadía.

GERBER BICECCI, Verónica y Luis VILLORO (2018), *La significación del silencio*, México, Ñ.

GERBER BICECCI, Verónica (2019), *Las palabras y las imágenes*, México, Minerva Editorial.

GUINÉ, Anouk (2010), "*80M84RD3R0*, la novela cinética de Czar Gutiérrez", *Inti*, 1 (71), pp. 361-365.

GUBERN, Román (2007), *Del bisonte a la realidad virtual*, Barcelona, Anagrama.

GUMBRECHT, Hans Ulrich (2012), *Producción de presencia. Lo que el significado no puede transmitir*, México, Universidad Iberoamericana.

GUTIÉRREZ, César (2008-2010), *80M84RD3R0*, Bogotá, Norma.

HALLET, Wolfgang (2009), "The Multimodal Novel: The Integration of Modes and Media in Novelistic Narration", en Sandra Heinen y Roy Sommer (eds.), *Narratology in the Age of Cross-Disciplinary Narrative Research*, Berlín, De Gruyter, pp.129-153.

JOHANSSON, María Teresa, y Lucero DE VIVANCO (2019), "Autoficciones de filiación en las narrativas de memoria: Chile, Argentina y Perú", en María Teresa Johansson y Lucero de Vivanco (eds.), *Pasados contemporáneos. Acercamientos interdisciplinarios a los derechos humanos y las memorias en Perú y América Latina*, Madrid y Frankfurt am Main, Iberoamericana-Vervuert, pp. 311-325.

LALO, Eduardo (2005), *Donde*, San Juan, Tal Cual.

LAPACHERIE, Jean-Gérard (1990), "Poly-, hétéro- et exo-graphies", *Póetique*, 84, pp. 395-410.

LAZO, Norma (2005), *El dolor es un triángulo equilátero*, México, Cal y Arena.

LEDESMA, Eduardo (2012), *The Historic Avant-Garde, The Neo-Avant-Garde and the Digital Age: Experimental Visual-Text Forms in the Luso-Hispanic World* [tesis doctoral], Cambridge, Harvard University.

LÉGER, Marc James (2019), *Vanguardia: Socially Engaged Art and Theory*, Manchester, Manchester University Press.

LOCANE, Jorge (2019), *De la literatura latinoamericana a la literatura (latinoamericana) mundial. Condiciones materiales, procesos, actores*, Berlín, De Gruyter.

LOTMAN, Iuri (1988), *Estructura del texto artístico*, Madrid, Istmo.

LUDMER, Josefina (2007), "Literaturas postautónomas", *Ciberletras: Revista de crítica literaria y de cultura*, 17, s. p.

LUISELLI, Valeria (2019), *Desierto sonoro*, Madrid, Sexto Piso.

MARCOS CARRETERO, María del Mar (2018), *Silencio y visualidad. Representaciones del silencio en el arte contemporáneo (1910-2010)*, México, Editorial Clave-UAQ.

MENDELSUND, Peter (2015), *Qué vemos cuando leemos*, Barcelona, Seix-Barral.

MERUANE, Lina (2021), *Palestina en pedazos*, Santiago de Chile, Random House.

MITCHELL, William (2009), *Teoría de la imagen: ensayos sobre representación verbal y visual*, Madrid, Akal.

MOLINUEVO, José Luis (2011), *Guía de complejos*, Salamanca, Archipiélagos.

MORA, Vicente Luis (2012), *El lectoespectador: deslizamientos entre literatura e imagen*, Barcelona, Seix-Barral.

NAVAJAS, Gonzalo (2002), *La narrativa española en la era global*, Barcelona, EUB.

NÉSPOLO, Jimena (2011), *El pozo y las ruinas*, Barcelona, Los Libros del Lince.

NÉSPOLO, Jimena (2015), *Episodios de cacería*, Buenos Aires, Santiago Arcos.

NOGUEROL, Francisca (2020a), "Pervivencia de las vanguardias en el siglo XXI", en Selena Millares (ed.), *La vanguardia y su huella (siglos XX y XXI)*, Madrid-Frankfurt, Iberoamericana-Vervuert, pp. 36-54.

NOGUEROL, Francisca (2020b), "Contra el Capitaloceno: escrituras subversivas en el siglo XXI", en Marta Waldegaray (ed.), *Anfractuosités de la fiction. Inscriptions du politique dans la littérature hispanophone contemporaine*, Reims, EPURE, pp. 51-75.

NOGUEROL, Francisca (2020c), "Escrituras expandidas y memoria: continuidad y ruptura en el siglo XXI", en Robin Lefère, Fernando Díaz Ruiz y Lidia Morales Benito (eds.), *Perspectivas sobre el futuro de la narrativa hispánica: ensayos y testimonios*, Alicante, Universidad de Alicante, pp. 49-72.

NOGUEROL, Francisca (2024), "Contramapeo en escritoras contemporáneas en español: del mito a la autoetnografía", *Verba hispánica*, 32, pp. 11-26.

PAZ SOLDÁN, Edmundo (2000), *Sueños digitales*, Madrid, Alfaguara.

PERKOWSKA, Magdalena (2013), *Pliegues visuales: narrativa y fotografía en la novela latinoamericana contemporánea*, Madrid-Frankfurt, Iberoamericana-Vervuert.

Pineda Botero, Álvaro (1987), *Teoría de la novela*, Bogotá, Plaza y Janés.

Rimsky, Cynthia (2001), *Poste restante*, Santiago de Chile, Sudamericana.

Rancière, Jacques (2010), *El espectador emancipado*, Castellón, Ellago Ediciones.

Rancière, Jacques (2022), *El trabajo de las imágenes: Conversaciones con Andrea Soto Calderón*, Madrid, Casus-Belli.

Rivera Garza, Cristina (2020), *Autobiografía del algodón*, Barcelona, Tusquets.

Rodríguez de la Flor, Fernando (2009), *Giro visual: Primacía de la imagen y declive de la lecto-escritura en la cultura posmoderna*, Salamanca, Editorial Delirio.

Schmitter, Gianna (2019), *Estrategias intermediales en literaturas ultracontemporáneas de América Latina: Hacia una TransLiteratura* [tesis doctoral], La Plata, Universidad Nacional de La Plata.

Sontag, Susan (2007), "La estética del silencio", en *Estilos radicales*, Madrid, Taurus, pp. 13-50.

Sousanis, Nick (2015), *Unflattening* [tesis doctoral], Nueva York, Columbia University Press.

Speranza, Graciela (2006), *Fuera de campo: literatura y arte argentinos después de Duchamp*, Barcelona, Anagrama.

Velázquez Soto, Armando (2023), "Fotografías narrativas: el archivo multimodal en *Desierto sonoro* de Valeria Luiselli", *Nuevas poligrafías*, 7, pp. 140-155.

Villoro, Luis (2016), *La significación del silencio y otros ensayos*, Ciudad de México, FCE.

Zambra, Alejandro (2015), *Facsímil. Libro de ejercicios*, Madrid, Sexto Piso.

Zambrano, María (2008), *Hacia un saber sobre el alma*, Madrid, Alianza.

II. CUATRO CATAS EN LA NARRATIVA HISPÁNICA CONTEMPORÁNEA Y EL ARTE

EL FENÓMENO FANTÁSTICO A TRAVÉS DE LA INTEGRACIÓN DE LA FICCIÓN BREVE Y *COLLAGE*: ALGUNAS CREACIONES DE ÁNGEL OLGOSO[*]

Paula Fernández Chamorro
Universidad de León

Introducción

En esta investigación voy a centrarme en el análisis de parte de la obra narrativa y gráfica del escritor Ángel Olgoso, nacido en Granada en 1961. En lo literario, la obra del autor se caracteriza principalmente por dos rasgos: su brevedad y su inclinación personal por lo fantástico.[1] Así, por un lado, Olgoso reconoce que le fascina el relato como miniatura, esa magia de la síntesis y la conmoción, de la puntería afinada, de la veloz emboscada (2018: 24). Por el otro, en lo concerniente al género, él mismo dirá: "No puedo evitarlo: me gusta lo poco común, me encuentro cómodo con lo extraño y me procu-

---

[*] Este trabajo se ha realizado gracias a una Ayuda para la Formación de Profesorado Universitario (FPU 2022) financiada por el Ministerio de Ciencia, Innovación y Universidades.
[1] Su adscripción a la literatura fantástica es defendida por estudios e investigaciones como Andres-Suárez (2010: 324), Muñoz (2011: 189), Marques Viana Ferreira (2013: 245), Roas, Álvarez y García (2017: 204) o Herrero Cecilia (2018). Cabría preguntarse, sin embargo, si el global de sus textos breves no podría encuadrarse mejor bajo una etiqueta más amplia, como resulta la de "insólito", que, de acuerdo con López-Pellisa y Ruiz Garzón, refiere "todo aquello que resulta extraordinario. Lo que se sale de lo común, lo inusual, lo fabuloso o lo inexplicable: lo que aspira a ir más allá de la realidad" (2019: XI). De este modo, en numerosos textos del autor se puede hablar de hibridez con géneros concomitantes al fantástico como la ciencia ficción —"Materia oscura", en *Las frutas de la luna* (2013)—, lo maravilloso —"Cerco a la Bella Durmiente", en *La máquina de languidecer* (2009)"— o el horror —"*Quauhxicalli*", en *La máquina de languidecer* (2009)—; incluso hay otros cuentos y microrrelatos en los que, aunque se juega con la ambigüedad, lo sobrenatural no llega a materializarse —"Hojaldre de universos", en *Cuentos de otro mundo* (1999)—. No obstante, se puede afirmar sin duda que en todos ellos Olgoso se recrea en la duda y la expectativa, da la vuelta a la realidad esperada por una mayoría y busca generar inquietud. Por ello, y por la elección de los textos comentados, en esta investigación continuaré haciendo referencia al término "fantástico".

ra una enorme felicidad estética lo asombroso y lo inquietante" (Olgoso en Muñoz, 2011: 348). En su prolífica obra se pueden encontrar varias centenas de cuentos y microrrelatos recogidos en aproximadamente veinte libros propios y más de setenta antologías de literatura breve (Fúster, 2025). De este modo, comparte actividad con autores pertenecientes a dos grupos: el propio escritor indica que se ve

> como un humilde puente entre los autores que de manera magistral y valiente, aunque esporádica, lo cultivaron en España hasta los setenta (Gómez de la Serna, Ana María Matute, Max Aub, A. F. Molina, Alfonso Sastre, Pere Calders o Ferrer Lerín) y la legión que ha venido después (Olgoso en Internacional Microcuentista, 2012).

Remorini aclara que los escritores más populares de esta nueva "legión" a la que se refiere Olgoso son Hipólito González Navarro, Pedro Ugarte, David Roas, Andrés Neuman, Fernando Iwasaki, Miguel Ángel Zapata o Carlos Almira Picazo (2011: 44-45).

Cabe destacar que, además de en narrativa breve, el autor al que aquí se alude ha hecho pequeñas incursiones en el terreno de lo poético, como pone de manifiesto su libro de haikus *Ukigumo. Nubes pasajeras*, publicado en 2014. Es pertinente destacar cómo, muchas veces, estas composiciones —que en su sentido más tradicional poco tienen que ver con lo angustioso o perturbador— recogen los rasgos insólitos de la poética del autor. Esto puede verse, por ejemplo, en "Se ha movido / un poco y sin viento. / Espantapájaros" (Olgoso, 2014: 116), o en "Asoma el ciervo / la testud tras el olmo. / Decapitado" (Olgoso, 2014: 126); de este modo, más que a una contemplación del mundo natural, el lector se enfrenta a, respectivamente, un hecho sobrenatural y alarmante y una imagen cercana al horror que rompen con la armonía de la naturaleza. Como se verá a continuación, similar transposición de la poética narrativa del autor puede hallarse en diferentes creaciones que trascienden lo literario para alcanzar otras artes. En esta investigación, voy a hablar de una de ellas, a saber, el *collage*, una técnica de origen vanguardista "que se fundamenta en la yuxtaposición de materiales sobre un soporte (por lo general bidimensional), para lograr una composición plástica" (Bermúdez Dini, 2015: 311).

En concreto, voy a dirigir mi atención a uno de los libros más particulares del escritor granadino, *Tenebrario*, publicado en 2003 como resultado de un primer puesto en la V Edición de los Premios de Cuentos Ilustrados convocados por la Diputación de Badajoz. Se trata de un volumen en el que Olgoso recupera textos de su anterior obra *Cuentos de otro mundo*, publicada por primera vez en 1999 —y también ganadora, en este caso del Premio Caja España de libros de cuentos 1998—. Sin embargo, en esta ocasión, los textos del volumen *Tenebrario* se combinan, como elemento novedoso, con diferentes *collages* obra también del propio autor.

Olgoso, que en lo literario es sin duda un autor fecundo, cuenta que, sin embargo, la mayor parte de sus *collages* fueron fruto de una época de bloqueo literario que experimentó entre 1994 y 1999 (en Merino, 2016: 11). Interrupción que, no obstante, le permitiría la realización de una exposición de los mismos en 1999 en el instituto Pedro Soto de Rojas, en Granada (Merino, 2016: 12) y, con posterioridad, la ilustración de, como sabemos, *Tenebrario* en 2003. A esta última publicación se debe añadir, años más tarde, *Nocturnario. 101 imágenes y 101 escrituras* (Olgoso y Merino, 2016).

Aunque principalmente voy a hablar de los textos y *collages* de *Tenebrario*, me gustaría hacer una breve alusión a *Nocturnario*, obra de gran interés para lo que aquí se refiere. En esta, Olgoso y el también escritor José María Merino se unieron para la creación de un volumen compuesto por una selección de 101 *collages* de Olgoso, cada uno de los cuales sirvió de inspiración para la escritura o selección de 101 microrrelatos inéditos de 101 autoras y autores distintos del panorama de las letras en lengua española. Precisamente, *Nocturnario* contiene muchos de los *collages* ya publicados en *Tenebrario*. Asimismo, cabe destacar la similitud morfológica y semántica de ambos títulos, conformados ambos por un nombre al que se le ha añadido el morfema derivativo *-ario*. Los dos sustantivos, tiniebla (del latín *tenĕbrae*) y *noche* se relacionan con la falta de luz, la oscuridad, es decir, el caldo de cultivo idóneo para que ocurra el fenómeno inquietante. En efecto, los dos volúmenes contienen numerosas ficciones e imágenes en las que lo sobrenatural o pavoroso es protagonista indiscutible.[2]

---

[2] De acuerdo con el *Diccionario de la lengua española*, un *tenebrario* es un 'Candelabro triangular, con pie muy alto y con quince velas, que se encendían en los oficios de tinieblas de Semana Santa' (Real Academia Española, s.f.); esto está, a través del punto de vista de la religión católica, también vinculado con la oscuridad del rezo a última hora del día, lúgubre además por llevarse a cabo en las fechas vinculadas a la supuesta muerte del predicador Jesús de Nazaret. Por su parte, en dicho diccionario no hay entrada para la palabra *nocturnario*, por lo que suponemos que es un neologismo creado oportunamente para la ocasión, con el sentido turbador explicado anteriormente.

Es precisamente en el prólogo de *Nocturnario* en el que Olgoso refiere algunas de sus fuentes: sobre todo ilustraciones de Doré y volúmenes de grabados del siglo XIX sobre moda, fauna, maquinaria, erotismo, viajes, medicina, etc. (Olgoso en Merino, 2016: 11-12). Merino encuadra las creaciones gráficas del granadino en la estela de la tradición surrealista de Marcel Duchamp, Juan Benet y Max Ernst (2016: 12). Además, Marina Tapia, también escritora y artista, y el propio Olgoso especifican, en el blog dedicado al autor granadino, quiénes son las dos principales influencias seguidas en la composición de sus *collages*: el caricaturista francés J. J. Grandville (1803-1847) y, de nuevo, el dadaísta y surrealista Marx Ernst (1891-1976) (Tapia, s. f.). Este influjo puede verse, como indica el propio autor, en su estilo "en blanco y negro, con todos sus elementos integrados en un fondo y contando una historia" (Olgoso en Merino, 2016: 11).

1. ÁNGEL OLGOSO: LO FANTÁSTICO, EL MICRORRELATO Y EL *COLLAGE*

En primer lugar, me gustaría hacer una reflexión acerca de la relación que se establece entre los elementos *collage*, microrrelato y fantástico en la obra de Ángel Olgoso. Antes se ha destacado cómo, en la definición que del *collage* da el propio escritor, se alude al hecho de que esta creación artística cuenta una historia. Esto, sin duda, lo acerca al microrrelato, género que, en palabras de Andres-Suárez, además de por su brevedad, se caracteriza precisamente por su "narratividad" (2010: 57), rasgo que lo diferencia del aforismo, el refrán o la greguería, por ejemplo. La propia brevedad, a mi juicio, también permite establecer una cierta vinculación entre ambas formas de arte y literatura, pues, en los dos casos, en un breve instante puede percibirse más o menos la completitud de una historia. Es curiosa, además, la utilización de la misma metáfora para describir el proceso de Olgoso tanto de composición del *collage* como de redacción de sus ficciones: la meticulosa labor artesana de la taracea granadina (Merino, 2016: 12; Olgoso en Muñoz, 2011: 193). Asimismo, el autor confiere a aquel arte gráfico la característica de "extraña epifanía" (Olgoso en Merino, 2016: 12), precisamente uno de los rasgos esenciales que Lagmanovich atribuye a la ficción hiperbreve (2006: 121).

El *collage*, por otro lado, es un práctica basada en la "apropiación" (Trabado Cabado, 2022: 167), en la reelaboración de elementos, lo que nos aporta otro punto en común: de acuerdo con Andres-Suárez, la intertextualidad constituye —junto con lo fantástico y el humor— una de las tres estrategias para reducir el microrrelato a su mínima expresión (2010: 9), pues, a través de los conocimientos compartidos, permite "llevar la astringencia textual y lingüística hasta sus últimas consecuencias" (Andres-Suárez, 2010: 82). De este modo, los dos tipos de creación vuelven la cabeza a elementos preexistentes con el objeto de aprovecharlos, rehacerlos o jugar con ellos, sirviéndose de estos y dándoles otros sentidos.

Como acabamos de ver, Andres-Suárez destaca asimismo la estrategia de lo fantástico, que, como se ha mencionado al comienzo, es el género literario predilecto de Olgoso. Para Roas, el relato fantástico

> nos sitúa inicialmente en un mundo cotidiano, normal (el nuestro), que inmediatamente es asaltado por un fenómeno imposible y, como tal, incomprensible que subvierte los códigos y las certezas que hemos diseñado para percibir y comprender la realidad (2011: 14).

Este mismo efecto se produce en el *collage*: de nuevo, recupero el concepto de "epifanía", que Trabado Cabado aplica de la siguiente manera hablando de esta técnica artística: "en esa combinación anómala de dos realidades disímiles existía una verdadera epifanía, un extrañamiento conseguido a partir de la conjunción insólita de elementos cotidianos" (2022: 178). Así, como también expone Bermúdez Dini, en el *collage* se toma con ademán violento la cotidianidad y se *pervierte* la naturaleza, lo que resulta en lo *siniestro* que plantea Freud (2015: 312-314). De este modo, a través de la utilización de ambas técnicas, la razón entra en entredicho por la imposibilidad de concebir o entender lo que estamos leyendo, viendo e imaginando. Además, así como la brevedad favorece al género fantástico —pues la lectura continua intensifica su efecto final—, de la misma manera, el *collage* produce su impacto en un vistazo, en una percepción inmediata y global de la imagen.

De la combinación de la ficción breve y el *collage*, entonces, concluiríamos que se puede llegar a producir una suerte de potenciación de la fractura, de la inquietud fantástica, pues se traspasan en mayor medida los límites del lenguaje, es decir, esa imposibilidad de explicación o descripción de la que habla Roas (2011: 128). A través del comentario de una selección de textos e imágenes del escritor granadino, podremos comprobar si, en su caso, esto es cierto.

Para comenzar, he constatado que la propia forma de redacción de Olgoso podría considerarse en muchos textos una suerte de "*collage* en palabras". Si algo caracteriza su proceso de redacción, es una tendencia a la lista o enumeración descriptiva; de este modo, Andres-Suárez se refiere a "sus galas de estilista, su inmenso talento para la descripción así como la riqueza y diversidad de su lenguaje", y también a su "densidad poética y plástica" (2010: 348). Es decir, por un lado, a partir de esa sucesión de elementos —muchas veces diversos e incluso en ocasiones aparentemente azarosos— que describen un acontecimiento, un proceso o un objeto, Olgoso construye una historia. Por el otro, pese a tratarse de textos breves, el autor consigue, a través del esmero en el lenguaje y la adjetivación, unas descripciones tan minuciosas, tan plásticas que pareciera que pretenden comunicar, en un "golpe de lectura", tanto como una imagen.

Para ilustrar esta idea, voy a referirme al relato "Yggdrasil". Este sitúa al lector en una subasta luganesa al tiempo que enumera los diferentes objetos de la puja, valiosísimos por antigüedad y rareza. Así, en la primera página se realiza el inventariado de estas reliquias, completamente diferentes y heterogéneas en apariencia y tradición —como los elementos que conforman un *collage*—: "el planeador de Saqqara; un juego de billar «mamontova kosty», marfil de mamut de característico color humo moscovita; un sello «misionero» de Hawai, un ejemplar de dos centavos azul" (Olgoso, 2003: 77). Sin embargo, para el narrador, resultarán meras "trivialidades", pues, como expondrá, él ha ido a obtener —para, a continuación, destruir— "la Flor de la Miseria" (Olgoso, 2003: 79); aquí entraría, en efecto, el elemento insólito.

Similar mixtura de componentes puede verse en un peculiar microrrelato, de carácter fundamentalmente humorístico, con la originalidad de que, en este caso, la enumeración se encuentra en el propio título:

> El capitán cuenta historias de piratas de tesoros ocultos que todos buscan y que nadie encuentre así como historias de mujeres bellísimas con vestidos de agua de mar rociados con polvo de oro para conquistar a las cuales cualquier hazaña es poco y después duelos y donde se encuentra el buen vino y las ballenas que se pasean con un bosque sobre el lomo y dentro del bosque viven las sirenas (Olgoso, 2003: 56).

El cuerpo del microrrelato es, sin embargo, brevísimo: "El capitán, ciertamente, no carece de imaginación" (Olgoso, 2003: 56). La miscelánea de motivos literarios, cuya disparidad queda acentuada por la ausencia de marcas de puntuación, se complementa además con un *collage* en la página derecha que nos conduce también a las historias y cuentos maravillosos: caballeros de armadura, un bosque en el que una mujer se encuentra prisionera, una señal mágica en el cielo o bandadas de amenazantes pájaros (Olgoso, 2003: 57).

2. COLLAGES Y FICCIONES BREVES EN TENEBRARIO

Los dos últimos textos comentados pertenecen ya a *Tenebrario*, en el que Olgoso incluyó 40 *collages* y más de 80 ficciones breves.[3] De entre ellos, se pueden encontrar textos a los que presumiblemente les corresponde un *collage*, *collages* que no parecen asociarse a un texto concreto y, también, textos sin correlato gráfico. Por otro lado, aunque, como el *collage*, el contenido del libro resulta variopinto y heterogéneo, podemos destacar un tema fundamental que se repite dentro del crisol de historias literarias y composiciones visuales: a saber, la muerte.

Como indica Andres-Suárez, la muerte, junto con sus manifestaciones físicas, constituye uno de los temas recurrentes de Olgoso (2010: 332). De hecho, en 2025, el escritor ha publicado en Eolas Ediciones *Estigia*, una recopilación de ficciones del autor granadino agrupadas en torno al citado tema —como perfectamente ilustran el título y la portada del volumen—. Y es que lo fantástico, a través de la inquietud y el extrañamiento que busca ocasionar, es un género que permite reflexionar, jugar o aventurarse con diferentes miedos, y uno de los más universales es, sin duda, la muerte.

Por ejemplo, en "Samsara", se muestra un ciclo de reencarnaciones —"arbitrarias, maliciosas, extemporáneas" (Olgoso, 2003: 9)— que, apelando al sufrimiento de todos, combina una sucesión de animales aniquilados por otros animales con humanos asesinados por otros humanos (en fusilamientos, inmolaciones, accidentes...). Este es un ejemplo de cómo el tema de la muerte es utilizado por Olgoso para poner de manifiesto una de las ideas que más se repite en sus textos: la desesperanza o derrota con las que ve la vida —al menos a través de su literatura— y, en concreto, al ser humano. En este sentido, Andres-Suárez ha hablado acerca de su "visión fatalista [...] de la naturaleza humana y de la fugacidad de la existencia, acorde con el pensamiento estoico de Séneca y de la literatura ascética tan fecunda en las letras españolas" (2010: 343). A su vez, Fernández Bustos dirá: "Ángel Olgoso [...] advierte en toda su obra que no hay

---

[3] El libro se divide en tres partes: "Cuentos Abisales", con 17 *collages* y 34 microrrelatos; "La pequeña y arrogante oligarquía de los vivos", con 17 *collages*, 1 microrrelato y 21 cuentos, y "Flores atroces", con 6 *collages* y 27 microrrelatos. De este modo, hay un predominio de la modalidad narrativa hiperbreve (62 microrrelatos en total), razón por la cual en el apartado anterior me he referido fundamentalmente a esta última. Además, más de la mitad de los cuentos de *Tenebrario* tiene tan solo dos páginas, lo que contribuye a aquella brevedad "extrema"; de hecho, el cuento más largo, "En la boca tendrás carbones encendidos", alcanza únicamente las siete páginas.

salida y, a la manera de Juan Rodolfo Wilcock, compila una serie de historias tristes, incluso crueles, con un trasfondo pesimista" (2022: 10).

Algunos de los *collages* sin clara adscripción a un texto concreto también se vinculan con la muerte, tal y como sucede en el primero de ellos, altamente perturbador por, como diría Bermúdez Dini, "la acumulación en el espacio de tantas imágenes y mensajes disímiles" (2015: 327): unos hombres introducen un ataúd en un nicho al tiempo que una especie de quimera camina por el techo, un hombre en zancos amenaza con una espada a un bebé que duerme en una cuna y una mujer toca una pandereta —imágenes estas últimas incongruentes con la pesadumbre generalizada, pues en segundo plano se aprecian personajes de luto y otros llorando o con el rostro tapado— (Olgoso, 2003: 10). También se puede relacionar con la muerte el *collage* que se presenta en la imagen expuesta más adelante (fig. 1); en él se amalgaman ideas antitéticas: lo bello y lo feo, la vida y la muerte, el esplendor de una bandada de mariposas con lo sobrecogedor de la calavera a través de la que vuelan. Por otro lado, la parca, a la zaga de un caballero, aparece en forma de figura encapuchada en el *collage* de la página 85, que tal vez podría vincularse con el relato anterior, "Eternidad", que describe el funeral sobrenatural de un escritor y que comienza con la metáfora: "El ángel de la muerte se inclinó sobre los hombros de Mordecai Brown" (Olgoso, 2003: 82).[4]

Fig. 1. Ángel Olgoso, *collage* presente en el libro *Tenebrario* (2003: 76).

---

[4] En la nota a pie 8 se aludirá a la importancia que este ser alado tiene también en diferentes *collages* del autor.

Es, asimismo, muy interesante la combinación entre el relato "La ceniza de los besos" y el *collage* que lo acompaña. El primero de ellos, basado en el empleo de la intertextualidad, relata la historia de una de las quizá últimas conquistas del célebre Casanova: como se dirá al final, "había seducido en realidad a una dama rica, furtiva y perversa como mazo de naipes y afectada secretamente de lepra" (Olgoso, 2003: 72). Es en el *collage*, que aparece además en la portada de *Nocturnario*, en el que encontramos el elemento fantástico: tal y como Casanova persiguió a la marquesa M., ahora, lo que queda de él, nada más que un esqueleto burlado, implora a una mujer desnuda que parece estar perfectamente sana (Olgoso, 2003: 73). ¿Podría converger, en la unión de ambos elementos, el tópico del enamorado que persigue hasta su propio final a una dama trasunto de la muerte?

En este último relato, se puede resaltar el tipo de la *femme fatale*, tipo que se repetirá en "Noches del Bósforo", un texto de tintes eróticos en el que un encuentro sexual entre un hombre y una mujer termina con la muerte del primero:

> El placer olía a cúrcuma y a ciruelas pútridas y a agua de cocer bueyes de mar cuando Vlady, con un movimiento espasmódico, con una brutal sacudida de cabeza, cayó fulminado al suelo sobre las diminutas chinelas rojas de Lilith. Sucedió en un instante. Lilith permaneció tendida, muda, más oscura. Lilith era casi melancolía, casi cuévano, casi ensoñación vibrátil. No necesitaba inclinarse sobre Vlady para descubrir las estelas de baba reluciente, las dos perforaciones, la feroz mordedura venenosa (Olgoso, 2003: 64).

Además del tipo, este cuento comparte con el anterior el juego intertextual; en este caso, ambos personajes hacen referencia a, primero, el príncipe rumano que presumiblemente inspiró al personaje del conde Drácula y, segundo, la mujer del folclore religioso judío con vinculación demoníaca. El fragmento presentado anteriormente constituye el final del cuento, en el que se da aquella "epifanía" o giro conclusivo: frente a lo que cabría esperar, no es él el que ha succionado la sangre de ella hasta su defunción, sino que es ella la que, tal y como adelantaba el tatuaje sobre su piel —"Una mano prodigiosa había grabado con minuciosidad contundente aquella boa esmeralda enroscada en toda la cálida extensión de Lilith" (Olgoso, 2003: 63)—, le ha dado el mordisco ponzoñoso y letal que la hace libre. Se puede hablar, en ambos casos, de figuras monstruosas (una mujer diablo con capacidad de metamorfosearse en serpiente y un vampiro), tema estrechamente vinculado con lo fantástico en el que haré hincapié más adelante.[5] El relato "Noches del Bós-foro" aparece seguido de un *collage* con el que fácilmente se puede establecer una relación: en él, una mujer desnuda se encuentra encadenada a una pared sobre la que cae una suerte de lluvia de fuego; esta, además, está rodeada de una larga fila de hombres encapuchados. Así, tenemos en ambos casos a la mujer bruja, la mujer poderosa y libre, vista como fatal por el patriarcado y castigada, de este modo, por su conocimiento y autonomía (fig. 2).

Fig. 2. Ángel Olgoso, *collage* presente en el libro *Tenebrario* (2003: 65).

En muchos otros textos, la muerte se manifiesta de forma grotesca, una categoría estética que, según Roas, "depende de la combinación de dos elementos esenciales: la risa y el horror (o sentimientos vecinos a este como la inquietud, el asco o lo abyecto)" (2011: 67). Este es el caso, por ejemplo, de "Océanos de ceniza", microrrelato en el que los árboles frutales que rodean la tapia del cementerio comienzan a dar frutos "cerúleos, helados, horrendos, como bulbos híbridos, como homúnculos o creaciones imperfectas y caprichosas exudadas de las esencias sacras de nuestros antepasados" (Olgoso, 2003: 28). Se puede apreciar cómo a través de la descripción y la cuidada elección de adjetivos, se crea una imagen que lleva a la repugnancia y la risa nerviosa. El mismo efecto se genera a partir de muchos de los *collages* presentes en *Tenebrario*; por ejemplo, se puede mencionar una estampa protagonizada por

---

[5] Lo sobrenatural en forma de figura monstruosa vampírica habría aparecido en el segundo microrrelato de *Tenebrario*, "Anestesia". Aquí, en tono humorístico, se subvierte el tópico del miedo al dentista a través de un paciente particular: "Sentado bajo la luz blanca, con la boca desmesuradamente abierta, húmeda, colmilluda, pavorosa, el vampiro también temblaba" (Olgoso, 2003: 11).

una pareja de cocineros cuya casa se ve repleta de cuerpos indefensos enterrados cabeza abajo, de los que solo pueden verse los miembros inferiores; la idea del canibalismo queda reforzada por la obesidad de aquellos, que además portan sendos cuchillos de grandes dimensiones (Olgoso, 2003: 88).

Por su parte, en muchos otros *collages*, lo grotesco se consigue a través de la hibridez entre cuerpos de seres pertenecientes a especies diferentes, lo que genera monstruos. Como indica Trabado Cabado en relación con el monstruo y el *collage*, este ser, como la técnica artística, alberga también una enorme potencia visual (2022: 166). Además, el *collage* muchas veces comparte con el ser la forma compositiva, es decir, la mezcla, la fusión; así, Bermúdez Dini dirá:

> La monstruosidad del *collage* debe comprenderse, en primer lugar, a propósito de su régimen heterogéneo de naturalezas distintas. Lo que sustenta a todo collage es su afán híbrido de mezclar materiales sobre un mismo soporte hasta generar una maraña enrevesada de sentidos y visualidades. Esa es, sin duda, la principal característica monstruosa: su acertado golpe contra la belleza clásica, contra las composiciones diáfanas y contra la homogeneidad (2015: 312).

Dentro de los *collages* de Olgoso, se puede ver un ejemplo de aquella monstruosidad grotesca en uno de la segunda parte, en el que aparece una mujer-araña, bastante repulsiva por los seis miembros inferiores arácnidos, que suman ocho con los brazos humanos del ser —situados estos últimos en una posición inverosímil—; en esta composición, la criatura está siendo abatida por un soldado que la apunta con un rifle —aparece, de nuevo, el tema de la muerte— (Olgoso, 2003: 101).

Hay muchos más *collages* en los que pueden verse este tipo de seres monstruosos. Por ejemplo, en Olgoso (2003: 48) encontramos uno cuya cabeza es una suerte de caracola marina y cuyo cuerpo es aparentemente humano y se encuentra decentemente trajeado —acompaña, de hecho, a un tercer microrrelato, "Bebe, ésta es mi sangre", protagonizado por la figura vampírica: en él se expone una supuesta teoría sobre el origen de la leyenda de este chupasangres, caracterizado muchas veces, como en la imagen, por su suma elegancia—. Aparecen, en otros casos, damas con cara de ave, caballeros con cabeza de rana, galgos con testa de anciano (Olgoso, 2003: 111), mujeres con cuernos de ciervo o cara de insecto (Olgoso, 2003: 153) o, también, un gran ser con rasgos de pulpo, pez y reptil que amenaza a un diminuto individuo (Olgoso, 2003: 125). Estamos, en todo caso, ante la presencia de monstruos formados por fusión, definidos por Carroll como compuestos que unen atributos que "se tienen por categorialmente distintos y/o opuestos en el esquema cultural de las cosas en una entidad espacio-temporal discreta" (2005: 105). En general, seres imposibles que, desde siempre, han representado uno de los principales resortes de la literatura fantástica, pues constituyen, en palabras de Casas, "el desvío de la norma, la violación de los límites que hemos creado en relación a lo que resulta aceptable desde un punto de vista físico, biológico, y también social y moral" (2018: 10).[6]

También en relación con la muerte y lo adverso, me gustaría destacar otro de los temas que sobresalen en *Tenebrario*: la debacle, que a veces se convierte en el fin del mundo. Este es un motivo que se repite en muy diferentes textos del autor, a veces en una línea más cercana a la ciencia ficción, y otras en las que la especulación imaginativa no hace hincapié en las ciencias tecnológicas, sociales o humanas que han causado la catástrofe, pues no es tan importante el porqué del cambio, sino que este constituye solo un marco fantástico en el que se desarrollan los hechos.[7] Dentro de *Tenebrario*, encontramos ejemplos de esta última orientación en ficciones como "Hojaldre de universos" —un hombre se plantea qué acontecimiento catastrófico tendrá lugar cuando complete un rompecabezas, no obstante "Nada sucede, pero ¿qué ocurrirá cuando Labiel deshaga el puzle?" (Olgoso, 2003: 12)—; "La caja de los truenos" —en una clara alusión al mito de Pandora, la vida se detiene y millones de seres vivos "con voraz ansia y la respiración suspendida" (Olgoso, 2003: 23) aguardan inquietos cuando un niño llamado Nayib se dispone a abrir una cajita de madera—; o "Tappity tappity tap tap ding!" —en un planteamiento metaficcional, se juega con la idea del escritor pretencioso en su torre de marfil que, sin embargo (y como ya había adelantado el hecho de que en su ordenador solo pudiese escribir en griego "Descenso a los infiernos"), termina cayendo: "¿cómo es posible que alguien de mi talento se esté hundiendo?" (Olgoso, 2003: 44)—.

---

[6] Como hemos visto con la figura del vampiro o la bruja, el ser monstruoso tiene una gran importancia dentro de la literatura fantástica de Olgoso. De hecho, en *Tenebrario* hay un microrrelato que lleva por título "Monstruo". En este caso, se trata específicamente de un texto humorístico en el que se juega con la literalización de la metáfora; debido a su brevedad, se reproduce a continuación: "«¡Eres un monstruo!, le gritó ella. Él asintió con lo que parecía su cabeza»" (Olgoso, 2003: 154).

[7] En este caso, se toma la definición de López-Pellisa: la ciencia ficción "nos propone una narrativa basada en la especulación imaginativa, ya sea a partir del ámbito de la ciencia y la tecnología, ya sea a partir del ámbito de las ciencias sociales y humanas" (2018: 11).

"Tábula rasa", por el contrario, se recrea más en la debacle. En pocas palabras, se describen las infectas ruinas de un orbe en el que "Tras la catástrofe, no ha quedado vida alguna sobre el planeta a excepción de las cucarachas" (Olgoso, 2003: 25); con cierto matiz irónico, se aclara que entre las ruinas han aparecido pasquines publicitarios para la eliminación de aquellos insectos. No por casualidad, este texto se encuentra precedido y seguido de dos *collages* que representan sendos desastres: en el primero, un tren descarrila en un paraje natural escarpado mientras un ángel, quizás el de la muerte, lo contempla todo desde arriba (Olgoso, 2003: 24);[8] en el segundo, cientos de humanos se apilan buscando refugio en torres palaciegas mientras jaurías de lobos les dan caza (fig. 3). A mi juicio, tanto el microrrelato como los *collages* pueden analizarse desde una línea ecocrítica, pues a menudo, en sus ficciones, Olgoso pone de manifiesto que la naturaleza y los seres que pertenecen a ella podrían llegar a vengarse del maltrato a los que han sido sometidos por parte del ser humano y su visión antropocéntrica.[9] Así, aunque el tren descarrile, el mundo natural, con sus cascadas, acantilados, rocas e incluso cucarachas, va a permanecer impasible; o, más directamente, los lobos, hambrientos, pueden buscar su alimento en el frágil ser humano, da igual su dinero o condición, pues somos una especie más de las millones que habitan el planeta.

---

[8] Cabe resaltar la constante presencia de diferentes seres alados —a veces con rasgos angelicales y otras, monstruosos— en más *collages* (y también relatos, como se vio anteriormente) del autor, lo que les otorga un cierto sentido de unidad y sobre todo un aire perturbador por dicha asociación con la muerte. Siguiendo la línea catastrófica, en Olgoso (2003: 30), dos criaturas similares (una más cadavérica y otra más animal) se ciernen sobre una suerte de ciudad en la que apenas quedan humanos y más bien es habitada por hordas de peces. En Olgoso (2003: 45), de nuevo el ángel humanoide, en un entorno cavernoso —¿puede que infernal?— lleno de una miscelánea de objetos aparentemente aleatorios, sostiene un termómetro de enormes dimensiones mientras un hombre con chistera lo contempla paralizado —quizás el escritor caído del microrrelato "Tappity tappity tap tap ding!", pues el *collage* aparece justo detrás—. Además, con cierta connotación religiosa, en Olgoso (2003: 131), este ángel permanece cabizbajo ante la contemplación de una mano enorme que, desde el cielo, baja un corazón sostenido con unas pinzas. Por último, en otro *collage* —que además constituye la portada del volumen—, un monstruo alado sostiene por el cuello a una víctima humana dejándola colgada en el vestíbulo de un amplio edificio (Olgoso, 2003: 158).

[9] Andres-Suárez ha hecho referencia a las preocupaciones ecologistas de Olgoso, en cuyos microrrelatos "se resalta el espíritu depredador del hombre, así como su irresponsabilidad ante la degradación irreversible que sufre el planeta en el que vive" (2010: 337).

Fig. 3. Ángel Olgoso, *collage* presente en el libro *Tenebrario* (2003: 26).

Por último, en *Tenebrario* se puede constatar la presencia de relatos que, no tan relacionados con el tema de la muerte, evidencian una correlación directa con el *collage* que los acompaña (o viceversa); así, se produce una interacción entre ambos elementos que, como se vio, incrementa su efecto. Por ejemplo, el texto de tono erótico "Manzanas fermentadas", relativo al mito de Adán y Eva, se ilustra con una imagen de ambos personajes, identificables por estar desnudos en una suerte de *locus amoenus*. El elemento disonante, híbrido, aparece en el *collage*, donde se ve que los personajes bíblicos están siendo contemplados por una pareja, diminuta en comparación, que los observa desde un viejo Rolls Royce. Se pueden resaltar otros ejemplos similares: tanto el microrrelato "Al Aaraaf" como el cuento "Marmaduke y Scarmentado, filibusteros", de ambientación marítima, tienen a su derecha sendos *collages* que representan una embarcación —delante del primer barco un golfista que camina sobre las aguas va a hacer un *swing* (Olgoso, 2003: 21); el segundo bajel, muy similar al primero (de hecho, parece que comparten la misma bandera), va a ser abordado por dos peces de enorme proporción, uno sin piel y otro con ella (Olgoso, 2003: 142)—.

Por su parte, el microrrelato "El gigante" —en el que se describe, de forma casi mítica, la llegada de la noche— aparece seguido de un *collage* donde encontramos una suerte de ser humano sin piel, imagen probablemente procedente de un libro de anatomía, rodeado por personitas que no le llegan ni a la rodilla (fig. 4). De este modo, para generar la idea de anormalidad y fractura inherentes al fenómeno fantástico, en muchos de sus *collages* Olgoso no solo juega con la inserción y mezcla de elementos dispares, sino también con las dimensiones de estos mismos. Por ejemplo, en el *collage* que aparece antes del microrrelato "El gigante", destaca un murciélago de proporciones desmedidas en comparación con los humanos de su alrededor (Olgoso, 2003: 16). En Olgoso (2003: 50), un ser descomunal, del que solo se ve la mano, entra con una jeringuilla —otro elemento médico— a un refugio en el que se guarecen varias decenas de personas. Este tipo de imágenes generan, de nuevo, una serie de monstruos fantásticos formados, en este caso, por magnificación (Carroll, 2005: 114). En esta última línea, Olgoso muestra una particular preferencia por el juego con los tamaños de diferentes insectos, grotescos en muchas ocasiones por la repulsión o asco que generan —Carroll, precisamente, aplica la magnificación a "entidades o seres ya típicamente juzgados como impuros o repugnantes en el seno de la cultura" (2005: 114)—: un saltamontes gigante rodeado de un aura de divinidad parece nombrar a un caballero (Olgoso, 2003: 117) o un hombre carga a sus espaldas con dificultad a, por lo menos, cuatro escarabajos ingentes en relación con las dimensiones con las que los encontramos en la naturaleza.

Fig. 4. Ángel Olgoso, *collage* presente en el libro *Tenebrario* (2003: 18).

CONCLUSIONES

Con todo, en *Tenebrario* Olgoso hibrida técnicas literarias y artísticas, formas y motivos, sin que esto pierda un cierto aire de uniformidad. Todo ello lo consigue a través de la elección de temas y argumentos —la muerte, lo grotesco, el monstruo en sus variantes de configuración y tamaño, la catástrofe, en definitiva, el miedo— que, sin duda, encajan tanto dentro de los resortes literarios de la narración breve fantástica como dentro de la técnica compositiva del *collage*.

De hecho, a través de la particular combinación de ambas formas de creación —coherente, como se ha visto, por las numerosas similitudes que presentan—, a lo largo de todo el volumen el escritor logra la creación de una atmósfera de inquietud y desazón que potencia en gran medida el efecto e impacto del fenómeno sobrenatural. El propio Olgoso es defensor de esta idea: "Quizá a los autores imaginativos la palabra escrita nos resulta insuficiente para contener tantas visiones, y necesitamos además otras formas de expresión o buscamos atajos para poder representar" (en Merino, 2016: 12).

En este sentido, *Tenebrario* debe leerse no solo como una colección de microrrelatos y cuentos fantásticos, sino también como una obra integral, donde lo visual y lo verbal se entrelazan para generar una experiencia estética más compleja, que traspasa las fronteras de la ficción breve y se establece como vía original para el acceso al territorio de lo fantástico.

BIBLIOGRAFÍA

ANDRES-SUÁREZ, Irene (2010), *El microrrelato español: Una estética de la elipsis*, Palencia, Menoscuarto.

BERMÚDEZ DINI, Renato (2015), "Las monstruosidades del collage: Hacia una teratología del arte del siglo XX", en Marta Piñol Lloret (ed.), *Monstruos y monstruosidades: Del imaginario fantástico medieval a los X-Men*, Barcelona, Sans Soleil, pp. 307-338.

CARROLL, Noël (2005), *Filosofía del terror paradojas del corazón*, trad. Gerard Vila, Madrid, Machado Libros.

CASAS, Ana (2018), "Prólogo", en Ana Casas y David Roas (eds.), *Las mil caras del monstruo*, León, Eolas Ediciones, pp. 7-18.

FERNÁNDEZ BUSTOS, Jorge (2022), "Prólogo", en Ángel Olgoso, *Bestiario*, León, Eolas Ediciones, pp. 7-11.

FÚSTER, Ana (2025), "Amanece con… Ángel Olgoso", en *Amanece Metrópolis*, s. n., en https://amanecemetropolis.net/amanece-con-angel-olgoso/ (fecha de consulta: 20/06/25).

HERRERO CECILIA, Juan (2018), "La dimensión poética y la organización narrativa de *Aramundos*, un cuento fantástico y visionario de Ángel Olgoso", *Tonos Digital. Revista de Estudios Filológicos*, 34, en http://hdl.handle.net/10201/57707.

INTERNACIONAL MICROCUENTISTA (2012), "Breve entrevista a Ángel Olgoso", en *Internacional Microcuentista - Revista de lo breve*, en https://revistamicrorrelatos. blogspot.com/2012/08/breve-entrevista-angel-olgoso.html (fecha de consulta: 20/06/2025).

LAGMANOVICH, David (2006), *El microrrelato: Teoría e historia*, Palencia, Menoscuarto.

LÓPEZ-PELLISA, Teresa (2018), "Introducción: del inicio a la naturalización", en Teresa López-Pellisa (ed.), *Historia de la ciencia ficción en la cultura española*, Madrid, Iberoamericana, pp. 9-46.

LÓPEZ-PELLISA, Teresa y Ricard RUIZ GARZÓN (2019), "Introducción. Las hijas de Metis", en Teresa López-Pellisa y Ricard Ruiz Garzón (eds.), *Insólitas. Narradoras de lo fantástico en Latinoamérica y España*, Madrid, Páginas de Espuma, pp. XI-XXI.

MARQUES VIANA FERREIRA, Ana Sofía (2013), "Luciérnagas bajo calaveras: lo fantástico en «Los demonios del lugar», de Ángel Olgoso", *Brumal. Revista de Investigación sobre lo Fantástico*, 1 (2), pp. 245-260, en https://doi.org/10.5565/ rev/brumal.71.

MERINO, José María (2016), "Prólogo: Ciento y uno por dos", en Ángel Olgoso y José María Merino, *Nocturnario: 101 imágenes y 101 escrituras*, Granada, Editorial Nazarí, pp. 11-13.

MUÑOZ, Miguel Ángel (2011), *La familia del aire: Entrevistas con cuentistas españoles*, Madrid, Páginas de Espuma.

OLGOSO, Ángel (1999), *Cuentos de otro mundo*, Granada, Editorial Nazarí.

OLGOSO, Ángel (2003), *Tenebrario*, Badajoz, Diputación Provincial de Badajoz, Departamento de Publicaciones.

OLGOSO, Ángel (2009), *La máquina de languidecer*, Madrid, Páginas de Espuma.

OLGOSO, Ángel (2014), *Ukigumo. Nubes pasajeras*, Granada, Editorial Nazarí.

OLGOSO, Ángel (2013), *Las frutas de la luna*, Palencia, Menoscuarto.

OLGOSO, Ángel y José María MERINO (2016), *Nocturnario: 101 imágenes y 101 escrituras*, Granada, Editorial Nazarí.

OLGOSO, Ángel (2018), *Tenue armamento: Cartapacio de papeles menores*, Granada, Alhulia.

OLGOSO, Ángel (2025), *Estigia*, León, Eolas Ediciones.

REAL ACADEMIA ESPAÑOLA (s. f.), *Diccionario de la lengua española*, 23.ª ed. [versión 23.8 en línea], en https://dle.rae.es (fecha de consulta: 23/06/2025).

REMORINI, Paolo (2011), "Il fantástico nella narrativa breve di Ángel Olgoso" [*tesi di laurea*], Pisa, Università di Pisa.

ROAS, David (2011), *Tras los límites de lo real: Una definición de lo fantástico*, Madrid, Páginas de Espuma.

ROAS, David, Natalia ÁLVAREZ y Patricia GARCÍA (2017), "Narrativa 1980-2015", en David Roas (ed.), *Historia de lo fantástico en la cultura española contemporánea (1900-2015)*, Madrid, Iberoamericana, pp. 195-214.

TAPIA, Marina (s. f.), "Ángel Olgoso: COLLAGES", en *Ángel Olgoso* [blog], en https://angelolgoso.blogspot.com/p/collages.html (fecha de consulta: 05/05/2025).

TODOROV, Tzvetan (1970), *Introduction à la littérature fantastique*, París, Seuil.

TRABADO CABADO, José Manuel (2022), "Galería del monstruo en la obra de Josep Maria Beà: El collage como poética", *Brumal. Revista de investigación sobre lo Fantástico*, 10 (1), pp. 165-192, en https://doi.org/10.5565/rev/brumal.843.

LA ANGUILA, DE PAULA BONET: UN EJEMPLO DE CONTAMINACIÓN INTERARTÍSTICA E INTERMEDIAL

SERGIO FERNÁNDEZ MARTÍNEZ
Universidad de Burgos

"Voy a hablar y hay tantas historias como cuerpos y tantos cuerpos como materiales"
(Esperanza López Parada, *La cinta roja*)

En su contracubierta, *La anguila* (2021), primera novela de Paula Bonet, establece los parámetros en los que se desarrolla la narración: "Este es un libro sobre el cuerpo. Sobre un cuerpo que ama y es amado. Un cuerpo que también es abusado, violentado a través del sexo y el parto, del aborto y la sangre, de la mugre. Materiales no artísticos en manos de una pintora que escribe, de una escritora que mira". Coincide así con un renovado interés en los estudios de estética que, en los últimos años, han planteado la necesidad de restituir las llamadas emociones negativas, tradicionalmente apartadas de los análisis críticos por constituir una respuesta física o por contener una limitada carga reflexiva (Ahmed, 2015: 19-45; Silvia, 2009). Sin embargo, como señala Antonio Monegal, en la actualidad "los artistas persiguen justamente la rotura de las barreras entre las artes y se entregan a las formas híbridas e impuras, experimentando con todas las posibles variedades de la contaminación" (2000: 10). En este sentido, el concepto de contaminación es clave para acceder a los contenidos epistémicos y políticos de muchas de las obras artísticas actuales, permeadas en gran parte por esas emociones hostiles.

Estos factores resultan decisivos en la codificación de *La anguila*, un texto inscrito en el desarrollo de diversas variantes formales de la autoficción surgidas en este primer cuarto de siglo, impulsadas por el auge de lo autobiográfico en las últimas décadas del anterior. Este fenómeno de la autorrepresentación, y su ambiguo juego con la referencialidad, ha dado lugar a numerosas autoficciones que oscilan entre la referencialidad propia de la autobiografía y el de la autorreferencialidad del relato fabulado, o entre "la veracidad exigida por el pacto autobiográfico y la verosimilitud del pacto narrativo", en palabras de Domingo Ródenas de Moya (2014: 170). Igualmente vinculada al concepto de contaminación, esta ambigüedad constitutiva de la autoficción ha interesado por igual a lectores y críticos, y ha dado lugar a sus dos principales definiciones: la biográfica (Doubrovsky, 1977) y la autofabuladora (Colonna, 1989). Si bien el objetivo de este estudio no es adentrarse en el ya duradero debate de la redistribución de los géneros autobiográficos, sí resulta conveniente rescatar la noción de "autonarración", de Arnaud Schmitt que, inserta en estos parámetros, implica un contrato de lectura abiertamente referencial. Se trata de una correspondencia paralela entre la vida transcrita en el texto y la vida empírica del autor (Schmitt, 2007: 26), lo que permite considerar una serie de ficciones en las que se formaliza un pensamiento estético en torno a las relaciones entre cuerpo, palabra e imagen.

Con ello se confirma que el problema de la representación no solo reside en la relación entre dichos elementos sino en el propio discurso sobre esta cuestión. A su vez, la autonarración pone de manifiesto las diversas formas, elementos y materiales que muchos de estos autores —y, de hecho, principalmente autoras—[1] han tomado de la autoficción para difuminarla a través de la corporalidad. Dentro de la literatura en lengua española hay numerosos ejemplos, entre los que cabe mencionar *Recursos humanos* (2000) y *Efectos colaterales* (2003), de Gabriela Liffschitz, *Hembros* (2004), de Eugenia Prado Bassi, *Cuerpo náufrago* (2005), de Ana Clavel, *Operación al cuerpo enfermo* (2015), de Sergio Loo, *La cabellera andante* (2015), de Margo Glantz, *Clavícula* (2017), de Marta Sanz, *El sótano* (2023), de Begoña Huertas o *Me fui como una tormenta* (2025), de Sara Herrera Peralta, que se complementa con su poemario simultáneo *El piar de los pájaros y el goteo del agua que cae del techo* (2025). Aunque en distinta gradación, todos estos textos proponen un acercamiento a los conceptos de autoficción, écfrasis e intermedialidad tomando como núcleo constitutivo el cuerpo real de sus autoras.

En esta tendencia, que ya puede considerarse una tradición, se inscribe *La anguila*. Anteriormente, Paula Bonet había publicado obras ilustradas, como *Qué hacer cuando en la pantalla aparece "The End"* (2014), *813/Truffaut* (2015), *La sed* (2016) y *Roedores. Cuerpo de embarazada sin embrión*

---

[1] En un interesante artículo sobre los sesgos de género presentes en la crítica de la intermedialidad española, Isabelle Touton (2016) patentiza el androcentrismo del canon autoficcional habitualmente estudiado, así como su perpetuación.

(2018), que dialoga abiertamente con el proyecto *La anguila*.[2] Además, en 2025 ha ilustrado el texto *El año que nevó en Valencia* (2017), de Rafael Chirbes, que inaugura Intervenciones, colección de Anagrama destinada a reimaginar y aportar nuevas interpretaciones de las obras de su catálogo para redescubrirlos desde otro ángulo artístico. La intervención de Bonet cuenta con dos ediciones paralelas: una convencional y otra especial, limitada, en formato libro de artista.

El proyecto *La anguila* comprende otras muchas plataformas. La novela ha dado lugar a la edición del libro *Los diarios de "La anguila"* (2022), un volumen eminentemente plástico, que reproduce dibujos, *collages*, pinturas, textos y fotografías y que muestra el proceso detrás de la novela. En 2022 el proyecto se expande en un pódcast de seis capítulos, vinculado al movimiento *Me Too* o "Yo también": la novela, que ha sido considerada un libro-denuncia, explicita los abusos sufridos por la autora a lo largo de su carrera profesional.[3] Es esta dimensión compromisaria la que constituye uno de los ejes de las conversaciones con las invitadas: Carla Vall, Natza Farré, Flavita Banana, Brenda Navarro y Anna María Iglesia. Asimismo, se han inaugurado dos exposiciones: "La anguila. Esto es un cuadro, no una opinión" (2021), en el Centro Cultural La Nau de la Universidad de Valencia, y

---

[2] También ha ilustrado clásicos de la literatura universal, como *Tirant lo Blanch*, de Joanot Martorell (2016), *De la fortuna de la amistad*, de Wilhelm Schmid (2016), la antología *Tengo un pájaro en primavera*, de Emily Dickinson (2019), *El año del pensamiento mágico*, de Joan Didion (2019), *Heroidas*, de Ovidio (2020), o *Paraíso perdido*, obra teatral de Helena Tornero a partir del poema épico de John Milton (2024). Sus ilustraciones acompañan igualmente obras de Xavier Aliaga, Estel Solé, Diego Álvarez Miguel, María Leach, Aitor Saraiba o The New Raemon entre otros; textos que exploran distintas experiencias conflictivas. Por su parte, los estudios críticos de su obra, aún incipientes, se han ocupado de analizar su adaptación ilustrada de *Tirant lo Blanc* (Berenguer Revert, 2016), la corporalidad como motivo pictórico (Nodari y Pilger da Silva, 2019; Pilger da Silva, 2022; 2024), su obra plástica (Millán Scheiding, 2020; Chumillas, 2021), su acercamiento a la autoficción (Escalona, 2021; López-Gay, 2024), el tema de la maternidad en su narrativa (Marqués Hernández, 2023) y la traducción de su multimodalidad (Bazzochi, 2024). Del mismo modo, es relevante señalar que existen algunos trabajos académicos que aún no se han distribuido de manera general (Natale, 2015; Muñoz Tejero, 2023).

[3] Patricia López-Gay ha observado una fuerte eclosión de la autoficción a partir de 2017: "En la época post-#MeToo proliferan los textos del yo, de ellas o de nosotras donde reverbera, con distinta gradación, una suerte de conciencia literaria de la vulnerabilidad de género", y lo ilustra con un post de Instagram de Paula Bonet (2024: 507). En *Los diarios de "La anguila"*, Paula Bonet incluye la historia de su acosador real, quien llega a enviarle una "anguila de plástico cortada en trocitos" (2022: 306).

"La anguila. La carne como pintura y la pintura como espejo" (2024), en el Museo Can Framis, de la Fundación Vila Casas. En ellas se exponen algunas de las obras cuyo proceso se detalla en la novela.[4]

Esta gran expansión intermedial tiene su núcleo en una pura necesidad expresiva: "Escribí y pinté el proyecto *La anguila* hurgando en todas las mujeres que había sido, buscando mi esfumación. Lo único que saqué en claro es que la pintura es el mejor lugar para desatarse y que la ficción puede ser revelación" (Bonet, 2022: 318). Sin marcar diferencias entre medios, sino estimulada por el resultado final, su trabajo como pintora y grabadora ha evolucionado a través del uso de un lenguaje compartido:

> Dio sus primeros pasos en la pintura, y desde ahí protagonizó un giro hacia el dibujo que le condujo a la escritura. Los libros ilustrados fueron la puerta de entrada a un mundo en el que podía combinar sus dos aspiraciones artísticas: pintar y escribir. Durante años, imagen y palabra han ido de la mano en sus obras, con objeto de explicar todo lo que en un momento determinado no sabía cómo nombrar a través de las primeras (Chumillas, 2021: 15).

Por tanto, el proyecto *La anguila* se configura y reconfigura en su propio desarrollo expansivo: una dimensión autoficcional que comprende muchos códigos, materiales, plataformas y —sobre todo— muchas narraciones. A este respecto señala Chumillas:

> "La anguila. Esto es un cuadro, no una opinión" es una exposición que convive durante el tiempo de creación con un libro homónimo. Dos proyectos independientes que parten de las mismas reflexiones y experiencias en sus dos primeras partes, pero que se diferencian cuando llega el final del relato. Si el libro nos deja con el pensamiento en lo ocurrido, la exposición va más allá […]. Ahora la abstracción es total, solo hay mancha, y el límite no se encuentra en los bordes de los lienzos, sino que va más lejos. El blanco se

---

[4] A su vez, estas exposiciones han originado sus correspondientes catálogos. En el primero de ellos, coordinado por Cristina Chumillas y editado en dos volúmenes, uno en español y otro en catalán, Laura Freixas, Cristina Morales, Kate Bolick, Nell Leyshon y Patricia Escalona reflexionan sobre algunos de los ejes de la exposición —la maternidad, la memoria, la pintura, la sororidad— mientras que en el segundo, en versión trilingüe catalán-español-inglés, se incluye la reproducción de los cuadros que conforman la exposición junto a textos de Paula Bonet y Nell Leyshon. Si bien está editado en tapa blanda, existe otro formato paralelo, en edición de coleccionista, intervenido por la autora.

impone de una manera impactante y gradual, pasando del tono más sucio al más puro (2021: 19).[5]

Es apreciable, por tanto, cómo la recursividad de la contaminación y el insistente trabajo en torno a ella trasciende los propios límites del discurso literario y se materializa en sus cuadros.

La anguila se erige así como una obra paradigmática del diálogo actual entre diferentes lenguajes artísticos, donde convergen la palabra escrita, la imagen visual y la experiencia vital. De carácter autobiográfico, este *Künstlerroman* narra el desarrollo de su protagonista, Paula, como pintora e incluye en su discurso reproducciones fotográficas, ensayos de otros pintores —Edvard Munch—, extractos de libros o tratados de historia del arte —Cennino Cennini o Antoni Pedrola—, fragmentos de catálogos artísticos, novelas y poemas sobre arte,[6] junto a una intermedialidad epistolar procedente del archivo personal de la autora.[7] Por todo ello, quiero proponer una lectura interartística del texto desde tres consideraciones fundamentales en las que la idea de contaminación resulta determinante: en primer lugar, la intermedialidad como una estructura epistémica y estética de la misma concepción de la obra; en segundo lugar, la écfrasis como puente entre el arte visual y el discurso literario y, en tercer lugar, la autoficción como mecanismo narrativo e identitario. Dentro de estas cuestiones se esconde una pregunta central: ¿qué función tiene el cuerpo en esta composición? ¿Es simplemente un motivo literario y pictórico?

La múltiple articulación simbólica del cuerpo encuentra su origen en la noción de intermedialidad como producción de sentido de la obra. A este

---

[5] En la novela existe un paralelismo que da cuenta de esta dimensión autoficcional: "quiero teñir de blanco una habitación que ya es blanca, he decidido ordenar las pinturas de manera que los últimos cien metros cuadrados de la sala empiecen siendo de un blanco sucio y acaben siendo luminosos, quiero que la pintura se mezcle con el medio y desaparezca" (Bonet, 2021: 32).

[6] Uno de los ejemplos más llamativos es *El nervio óptico* (2014), de la argentina María Gainza, publicado en España por Anagrama. En él, la narradora propone un recorrido museográfico por diversos cuadros, en un ejercicio de "écfrasis metaléptica" (Pimentel, 2023: 462-469) donde el narrador se introduce en el marco diegético, al igual que ocurre en *Una novelista en el Museo del Louvre* (2009), de Zoé Valdés.

[7] Resultaría interesante analizar la compleja red intertextual que se dispone en la novela: textos de Nell Leyshon, Raúl Zurita, Marguerite Duras, Joyce Maynard, Brenda Navarro, María Luisa Bombal, Annie Ernaux, Rafael Chirbes, Siri Hustvedt, Germaine Greer e Hildegarda de Bingen encabezan algunos de los episodios de la novela. Junto a ello, el discurso novelesco se entrelaza con las palabras y textos de otros muchos autores, lo que configura otro ejemplo de contaminación literaria.

respecto, con su combinación de materiales, cabe entender *La anguila* como una "intermedialidad en sentido estricto", en términos de Irina Rajewsky:

> La cualidad intermedial de esta categoría está determinada por la constelación de medios que constituyen un determinado producto, es decir, el resultado o el mismo proceso de combinar al menos dos medios, o formas mediales de articulación están presentes en su propia materialidad y contribuyen a la constitución y significado de todo el producto (2020: 442).

Además, la insistencia en la literalidad y la materialidad que propone W. J. T. Mitchell (2000: 232-235) como recurso para abordar las conjunciones efectivas de palabra e imagen alcanza aquí un nuevo estatuto, ya que los materiales que utiliza Bonet en la totalidad de su proyecto orgánico son de enorme importancia. Por un lado, *La anguila* y *Los diarios de "La anguila"* generan una gama completa de relaciones entre las competencias verbales y visuales, y en ellos establece diferentes combinaciones que oscilan entre lo puramente disyuntivo y la identificación absoluta de los códigos compartidos entre ambas artes. Por otro lado, y frente a las propuestas más convencionales entre arte literario y pictórico, Bonet propone relaciones alternativas, flexibles y experimentales, que alcanzan no solo la vista sino otros sentidos perceptivos. Desjerarquiza de esta manera los relatos ecfrásticos hegemónicos e incluye una reivindicación de lo marginal.

La crítica ya ha señalado la manera en la que "la representación del cuerpo o el autorretrato han sido fundamentales para la exposición pública y revalorización de experiencias que la sociedad trata de invisibilizar" (Chumillas, 2021: 16) y, en este caso, la corporalidad es un motivo medular desde los paratextos del propio libro. Por lo que respecta a la autoficción, la fotografía de cubierta resulta clave para comprender la trama de ambigüedades que dispone la novela, así como la forma en la que el lector las descifra. Como recuerda Susana Arroyo Redondo, los libros autofíccticios aprovechan los elementos paratextuales para incrementar esa sensación de indeterminación (2014: 66). En el caso de *La anguila*, dos son los recursos peritextuales editoriales que remarcan su dimensión autoficcional: por un lado, la asignación del libro a la colección Narrativas Hispánicas[8] y la propia imagen de

---

[8] Se diferencia así, por ejemplo, de las memorias del dibujante Nazario Luque, publicadas también por Anagrama en su colección Crónicas.

cubierta: la ilustración "Bestia octópada en reposo", una fotografía autoría de Paula Bonet en 2003, cuya génesis se detalla en la narración:

> Un día, en la universidad, propuso trabajar un ejercicio sobre la metáfora, y yo pensé en la bestia octópada de ese poema que habíamos hecho nuestro y pedí a una pareja de amigos que vinieran a casa para ayudarme a resolver la imagen. Quería que la foto que viera mi Hombrecito pasara a ser una de las imágenes importantes de su caja de mujeres desnudas. Coloqué la cámara en el trípode y uno de ellos se tumbó en la cama. Cuando yo me colocara delante de él sus brazos habrían de moverse sobre mi cuerpo y confundirse con los míos, tenía que ir cambiando también la posición de las piernas. Un foco rojo nos alumbraba (Bonet, 2021: 124).

Al igual que en este fragmento, el procedimiento ecfrástico es el impulsor de la novela, que se inicia con un breve texto innominado; una descripción de lo que más tarde se entenderá como la fotografía de un triple aborto espontáneo —recogida en *Los diarios de "La anguila"*—, y mediante la que la protagonista establece una trabazón entre carne, pintura y palabra: "Pintando aprendí a mirar, entendí que la realidad es mucho más compleja de lo que parece, la pintura me ayudó a resolver lo que no se puede decir con palabras y es en la mancha donde consigo entender algo" (Bonet, 2021: 11). En efecto, *La anguila* posee una manifiesta dimensión artística —explicitada a través de diferentes écfrasis, tanto técnicas como literarias, y de descripciones del propio hecho pictórico— que sirve para articular la acción y el tempo de la novela.

Este procedimiento es precisamente el que constituye "La carne", segunda sección de la novela, desarrollada también en una sola página, y donde se despliegan dos écfrasis de un mismo cuadro, *Marte*, de Velázquez, del que se reproduce un fragmento. La protagonista enuncia: "Marte está sentado sobre una cama. El pintor lo ha envuelto en paños que cubren genitales y parte del muslo, un casco militar le deja el rostro en penumbra. Apoya el brazo izquierdo sobre una pierna y se toca la barbilla con la mano" (Bonet, 2021: 15), una breve descripción que se contrapone a la de su profesor de pintura:

> Observad con qué destreza nos presenta el pintor al dios Marte. Mirad el gesto, analizad las formas: el empaste de carnaciones encima de la sombra verdosa, la veladura sobre la materia seca, acercaos más y observad los arrastrados, la mancha indefinida que arma aquello que nuestro ojo quiere recono-

cer. El dios de la guerra ahora es viejo y su piel empieza a descolgarse, pero a pesar de saberse vencido, el paso del tiempo no lo destruye todo (Bonet, 2021: 15).

Además de la confrontación de la inexperiencia discursiva de ella y el dominio de él al desarrollar la descripción ecfrástica, estos dos acercamientos al mismo cuadro coinciden con la divergencia entre écfrasis crítica y écfrasis literaria de Michael Riffaterre: "La écfrasis crítica formula juicios de valor […]; condena o elogia, quiere formar el gusto de sus lectores. Por el contrario, la écfrasis literaria busca su admiración" (2000: 162). A través de esta sutil diferencia en el desarrollo de las écfrasis los dos personajes se perfilan metafóricamente: desde su posición de poder, el profesor, más tarde conocido como "el Hombrecito", subyugará a la joven protagonista. A cada una de las dos formas ecfrásticas les corresponde un "mecanismo de efecto de realidad" (Riffaterre, 2000: 162), lo que también le ocurre a los dos personajes: ambos viven dos realidades diferentes.[9] De esta manera, y a través de una segunda écfrasis de un cuadro innominado pero cuya descripción permite deducir que se trata de *El rapto de Europa*, de Rubens —copiada de

---

[9] Este cuadro, reproducido en pósteres, aparece varias veces en momentos claves de la novela. Del mismo modo, y si bien son numerosas las écfrasis a lo largo del texto, cabe resaltar la de *Guernica*, de Picasso. De niña, Paula observa una reproducción en la nave familiar: "Me gustaba la sala del cuadro de gente troceada que daba gritos. […] En el cuadro había una mujer con una niña en brazos, una bombilla y un caballo. Parecía que el pintor había estado en la escuela cortando cartulinas con nosotras" (Bonet, 2021: 26). Años más tarde, la estudia en el instituto: "¿Dónde estaba la sangre? ¿El dolor se pintaba en grises?" (Bonet, 2021: 26) y, finalmente, contempla el original: "La primera vez que fui a Madrid visitamos varios museos y cuando entramos en la sala del *Guernica* me quedé paralizada. La sangre estaba allí del mismo modo que estaban los derrumbamientos, los cadáveres enterrados, la pérdida absoluta. Los vivos estaban muertos. La pintura chorreaba. No había tintas planas. Los grises gritaban y contenían todo el horror" (Bonet, 2021: 26). Otro ejemplo elocuente es su formación como pintora, que se narra a través de una dinámica serie de écfrasis: "Tengo nueve años y estoy pintando un cuadro verde para alguien que tiene una pared de color verde. Tengo doce y le pinto a la abuela una reproducción de la Virgen de la Purísima. Tengo dieciséis y trabajo la *Ansiedad* de Munch, con gradaciones o juegos de complementarios, cambiando las escalas, pasando la pintura a blanco y negro, trabajo con una paleta reducida un cuadro con el cielo teñido de sangre. Le regalo a mi madre la imagen borrosa de la abuela en un 100×70 y la abuela cuelga en la pared de su habitación. A mi padre, una tablilla en la que salimos los dos, él muy joven, yo pequeñita casi perdida en su pecho, abrazados delante de nuestra tienda de muebles" (Bonet, 2021: 32). De alta densidad simbólica, ambos ejemplos se asocian al desarrollo pictórico y personal de la protagonista, así como a la experimentación con los materiales, las figuras y el cromatismo, cuestiones centrales en la narración.

Tiziano—, se activa uno de los principales conflictos de la novela, la posesión de la joven: "Fíjate en la belleza de las veladuras de las telas blancas,
Paulita. Y en la de los tres Cupidos juguetones que con sus flechitas y sus ri-
sas endulzan el viaje que emprenderá Europa. Cómo tiembla el muslo, cómo
se descuelga el pecho, observa con qué facilidad podemos tocar esa carne"
(Bonet, 2021: 16).

Se abre a continuación la tercera sección del libro, titulada "La pintura",
ilustrada con la fotografía del periodo expulsivo de un parto, donde se muestra la salida de la cabeza del bebé. En esta sección la protagonista afronta
un quíntuple duelo: el de dos de sus abuelos y el de sus tres hijas. Los dos
primeros se entretejen con la narrativa principal a través de su relación epistolar —reproducida y fusionada con el discurso principal— mientras que
el segundo se expande, sobre todo, en *Los diarios de "La anguila"*. Este
duelo —al que más tarde se sumará un sexto, el de la pérdida de su agencia
e inocencia— muestra otra de las posibilidades de este diálogo interartístico
vertebrado por la contaminación. De las muchas funciones del arte en la
novela, resulta capital la relación de la pintura con la estructura narrativa.
En este caso, a través de una analepsis —donde la protagonista, tumbada en
el sillón de exploración ginecológica, recuerda el momento en que, de niña,
arrojó pintura acrílica blanca por la ventana— se entrelaza el pasado y el
presente, la infancia y la adultez: "la mancha blanda estampándose contra
una superficie dura" (Bonet, 2021: 20). En este entrecruzamiento de artes se
produce una sensación de perspectivismo pictórico: la pintura no es un simple motivo literario, sino que su función figurativa es múltiple en el relato, y
es su materialidad la que explicita y vertebra las secuencias narrativas.

Así, tanto el deleite a través de largas descripciones del proceso artístico
—preparación de los materiales, secado de la pintura, trazado de bocetos—
como su contraposición, marcada por el rechazo o la dificultad creativa, se
convierten en momentos vinculados a su desarrollo como pintora y a la exploración del intimismo. Esta tensión dinámica entre goce estético y conflicto creativo se despliega con especial intensidad en "Parte una" (Bonet,
2021:23-108) y "Parte dos" (Bonet, 2021: 109-236), las secciones más ex-
tensas de la novela, donde la dimensión plástica del arte se convierte en una
vía de exploración subjetiva. En ambas prevalece el motivo de la mancha.
A este respecto, Patricia Escalona infiere: "La nueva etapa plástica de Paula
Bonet es también una ruptura radical con todo lo anterior. Hemos pasado a
un blanco calcáreo, un material que ilumina y da brillo, pero con un lado un

tanto tenebroso: la purificación va a llegar a través de la descomposición" (2021: 174). Con la idea de la mancha, Bonet ofrece en *La anguila* una resistencia activa a la "retórica de la pureza" (Mitchell, 2000: 237) a través de la contaminación.

Esta renovación surge de la estancia en el Taller 99, de Roser Bru, pintora barcelonesa afincada en Chile. De ella aprende a apreciar el cuerpo de "la mujer que aguanta" (Bonet, 2021: 34) y nuevas técnicas pictóricas: "El blanco estaba lleno de impurezas. [...] Averigüé que el movimiento de la pintura respondía a la carne, que tenía un vínculo físico con ella" (Bonet, 2021: 150),[10] que se corresponden con la realidad biográfica de la autora, que pasa de una estética más preciosista a una más oscura. El motivo de la mancha, constante en la novela, se asocia a procesos de búsqueda identitaria y al establecimiento de una autopoética. Por ejemplo, al inicio, en su experimentación plástica, la pintora declara: "Arrojo litros de aguarrás sobre un lienzo tendido en el suelo, observo cómo el disolvente, la inclinación del piso y el secado de la pintura deciden que la mancha sea una y no otra, la acepto y acabo reconociéndome en ella" (Bonet, 2021: 32). Más tarde, tras su pérdida gestacional, vuelve sobre esta idea: "Es con la algrafía, que deforma la mancha, que disuelve el ego, que confunde el trazo, cuando empiezo a leerme en la imagen" (Bonet, 2021: 55).

De acuerdo con Riffaterre (2000: 174) y Rajewski (2020: 445-458), la intermedialidad puede presentarse como intertextualidad. Es decir, se produce una interpretación del texto del pintor y del intertexto del escritor, que compete a la literatura, pero que simultáneamente "reproduce el estado de ánimo del sujeto que mira" (Riffaterre, 2000: 174). La protagonista, sujeto que mira, se identifica con la mancha, elemento que le recuerda que la obra de arte es el resultado de una intención, de un proceso, de un pensamiento y de una voluntad creadora. La mancha implica a la pintora: "Entornaba los ojos y veía que, a pesar del cuidado durante la ejecución, la obra no respondía al blanco puro que la inspiró, y temía que la contaminación de la tela tuviera algo que ver con mi presencia" (Bonet, 2021: 150-151). Se amplían con ello los márgenes discursivos de la écfrasis al tiempo que se disloca su marco conceptual: la interpretación de la obra corresponde aquí a la autora; una autoécfrasis que se materializa a través del acto pictórico y del movimiento corporal: "Las impurezas se deslizaban por la tela acompañando a la mano"

---

[10] El íncipit de *Los diarios de "La anguila"* se corresponde con este extracto de la novela.

(Bonet, 2021: 151). Quien se inscribe en el objeto pictórico —y en el discurso ecfrástico que lo acompaña— es la propia pintora. No hay una inversión de las relaciones entre obra y comentario: colapsan ambas dimensiones.

De manera paralela a esta evolución, Bonet cambia sus instrumentos y hace un uso especial de "las brochas, los pinceles gruesos, las espátulas y la introducción del spray" (Chumillas, 2021: 18) en un rechazo abrupto a las referencias de carácter icónico, tradicionalmente asociadas a la pintura femenina: "Pintas como un hombre, me dijo mi profesor de pintura de primero de Bellas Artes" (Bonet, 2021: 32). Las alusiones a las obras pictóricas y literarias de autoría masculina son constantes en *La anguila*. En un movimiento distanciador, la protagonista las contrapone a sus autorretratos, ligados a la reflexión sobre su identidad y que reaparecen en varios momentos clave. Se crea así un efecto especular que parece multiplicar a la protagonista y desdoblarla en diferentes simetrías: "La cara que veía en el espejo era un borrón de pintura seca" (Bonet, 2021, 55).[11] La intersección entre género y autoría se revela decisiva. Así lo explica en *Los diarios de "La anguila"*: "Cuando cursas Bellas Artes, te empapas de esas ideas que colocan el arte en un lugar elitista y viril, […] abandonas todo aquello que tenga que ver con la intimidad, con lo *confesional*" (Bonet, 2022: 316; cursiva en el original). Del mismo modo, la protagonista detalla cómo la autoridad menosprecia su interés en la exploración artística de los desórdenes alimenticios —"Me gustaría centrar mi proyecto final de carrera en la anorexia, en cómo las mujeres sucumben y acaban debilitando o destruyendo su cuerpo dobladas por el mandato social" (Bonet, 2022: 316-317)— y el aborto —"Me gustaría centrar mi proyecto final de carrera en el aborto, quisiera analizarlo a través de las obras de Louise Bourgeois, Barbara Kruger, Tracey Emin y Paula Rego y añadir mi propia experiencia, matizándola con lecturas" (Bonet, 2022: 318)—: "Deja tu intimidad a un lado. Céntrate en lo que es importante" (Bonet, 2022: 318).

En la novela son abundantes ciertas cuestiones relativas al cuerpo de la mujer, como los abusos, el aborto deseado y la pérdida gestacional, hechos que se derivan de la propia biografía de la autora. Esta obsesión discursiva,

---

[11] El símbolo del espejo desempeña una función activa dentro de la narración. No en vano, la novela termina con una catarsis grupal de pintoras: "Colgamos un espejo al lado de la tela y nos enfrentamos a nuestro propio reflejo. Nos permitimos la carcajada y la autorrepresentación. Nos sabemos / dueñas / de nosotras / mismas" (Bonet, 2021, 236). En *Los diarios de "La anguila"*, Bonet vuelve sobre esta cuestión: "Cuando trabajamos el autorretrato en el taller, sugiero a mis alumnas que lo entiendan como el primer acercamiento a algo que quizá las disguste" (2022: 336-337).

fruto de esta pérdida, se funde continuamente con el proceso artístico, con largas y detalladas descripciones:

> Necesito encontrar algo y no encuentro el modo, no sé hacia dónde dirigirme, no tengo palabras para nombrarlo y tampoco pistas claras del lugar al que he de ir para entenderlo. La línea del aguafuerte es dura, el entintado es brumoso, pero la línea se impone. No es esa la línea que busco. […] Añado una aguatinta al aguafuerte. Primero desengraso la plancha, después coloco la pez de Castilla golpeando el culo de un bote de cristal al que le he atado unas medias viejas a modo de red y finalmente quemo la plancha para que la colofonia quede fijada. Reservo con barnices, muerdo con cloruro de hierro y tampoco me sirve. Pensaba que si me empeñaba en pintar todo el tiempo a mis hijas no natas acabaría aborreciéndolas y apartándolas de mi cabeza. Las pintaba y las grababa pero seguía lamentando su muerte (Bonet, 2021: 55-56).

En este caso la preparación de los materiales cimenta el discurso analéptico, pero esta pérdida gestacional también se confronta desde el presente, siempre desde la propia acción plástica: "Pinto embriones con acrílico sobre papel. Tonos terrosos, ocres y rojos muy transparentes que anulo con la fuerza de la mancha blanca" (Bonet, 2021: 53).[12] Se dota aquí de esa caracterización que refuerza la relación entre medios estéticos y evidencia, en su fusión, la aserción de Jan Mukařovský: "What links the individual arts to one another is the community of their goal. In general the arts are activities with a prevailing aesthetic consideration; what separates them from one another is the difference in material" (1977: 208). En *La anguila*, literatura y pintura se manifiestan de manera simultánea y, en una relación dialéctica y consustancial, desplazan su tradicional antinomia y potencian su finalidad común. Con ello, Bonet desafía la pregunta por la relación existente entre pintura y literatura y ofrece una poética de la hibridez, un intersticio donde cohabitan el signo icónico y el signo verbal.

Esta hibridez sirve también para introducir algunas de las cuestiones centrales al motivo de la contaminación, como la idea del desecho, el despojo o el residuo, especialmente productivas si se contemplan bajo la pe-

---

[12] Cristina Chumillas considera que las diferentes técnicas realizadas por Bonet en sus cuadros fungen como metáforas sociales: "Fetos, malformaciones y dolor son representados de forma oscura. Sobre los fondos negros, los colores rosáceos, malvas y tierras se difuminan por el uso de las veladuras, del mismo modo que se siguen tratando estos temas en nuestra sociedad" (2021: 17).

culiar relación que la protagonista mantiene con el cuerpo de la mujer en general y con el suyo en particular. Este vínculo cobra pleno sentido a la luz de las aportaciones de Mary Douglas quien, en su libro *Pureza y peligro* (1970), estudia la idea de la contaminación y el asco a partir del cuerpo: "El cuerpo es un modelo que puede servir para representar cualquier frontera precaria o amenazada. [...] No podemos con certeza interpretar los ritos que conciernen a las excreciones, la leche del seno, la saliva y lo demás a no ser que estemos dispuestos a ver en el cuerpo un símbolo de la sociedad" (1973: 156). Esta imbricación entre la autoría de la protagonista, pintora, y su género, femenino, sirve para problematizar la "relación entre cuerpos y corpus; entre sujetos cuyo denominador común se ha concebido como una marca del cuerpo y los productos culturales que dichos sujetos se supone producen" (Pérez Fontdevila y Torras Francès, 2019: 11). Es decir, el cuerpo de la mujer determina los modos de producir y de leer las obras artísticas, y con ello la protagonista ofrece un desplazamiento de la autoridad cultural masculina.

Introduce en este marco una de las cuestiones centrales en la novela: lo abyecto, una noción con la que el arte plástico despliega nuevas dimensiones:

> yo pensaba en los litros de semen que se echaban a perder diariamente. A los veinte años, mi profesor de pintura me contaba que a muchos hombres les gusta ver cómo su corrida se lanza al mundo, estamparla contra la pared, pintar sobre las sábanas, o derramarla sobre una tripita como la mía (Bonet, 2021: 86).

El afecto del asco apenas ha recibido atención crítica en las reflexiones estéticas tradicionales. De acuerdo con Carolyn Korsmeyer (2002: 146-160), los motivos principales son su asociación a los sentidos —opuestos a la razón— y su posición inferior en la jerarquía de estos. Los sentidos epidérmicos —gusto, olfato y tacto— se contraponen a los intelectuales —vista y oído— por su dimensión emocional y su respuesta física, lo que tradicionalmente ha indicado una escasa profundidad reflexiva.[13] Ligado al desecho, el afecto del asco se sitúa en un punto radicalmente opuesto a los objetos que causan interés estético. Por lo tanto, ¿por qué utilizar la abyección como materia estética y literaria?

---

[13] En la relación de criterios para afrontar el estudio de las relaciones entre palabra e imagen, Áron Kibédi Varga apunta precisamente cómo toda comparación y analogía "está viciada desde el comienzo por el hecho de que la percepción sensorial de estas categorías no es «igual» en todos los aspectos", cuyo origen está, precisamente, en la jerarquía de los sentidos (2000: 110-111).

Recuerda Colin McGinn que existen dos puntos básicos en los que el asco puede entrar en una obra de arte representacional: como tema y como medio (2016: 199). En su obra, Bonet confronta la evitación inherente al afecto del asco y, en su lugar, se aproxima a los orígenes de la abyección en relación con las artes mediante la intermedialidad. Precisamente, en su ensayo sobre la inmundicia en la historia del arte, Jean Clair data los orígenes por el interés de la abyección como material artístico en los primeros años del siglo XX, fruto de la experimentación con los materiales que intervienen en el *collage*: "Una vez que la legalidad orgánica del cuadro ya no pudo ser más asegurada por los medios tradicionales de la pintura imitativa […] resultaba tentador no ver en él más que su materialidad de objeto plano, de superficie sin profundidad, limitada por su cuadro" (2024: 79). Y establece un interesante paralelismo con la propia corporalidad: "El cuadro dejaba de ser un cuerpo pleno, entero, unido, un todo compuesto de órganos subordinados los unos a los otros y […] ya sería solo un receptáculo de fragmentos orgánicos inanimados" (2024: 80). Bonet rescata esta noción de repulsa y rechazo e interviene su conciencia perceptiva con el fin de desestabilizar sus valores estéticos hegemónicos. Así lo declara en *Los diarios de "La anguila"*:

> También se ha de estar dispuesta a abrazar el accidente […]. A borrar del imaginario la imagen bella del dibujo que se consideraba perfecto porque la academia, los medios y los clientes habían dicho que era así. Mancho si he de manchar, mezclo la pintura en el papel y no en la paleta, arranco un trozo de página y rompo la composición, repaso la línea que quedó fina. Valoro el desequilibrio y la suciedad. Desaparezco con el dibujo mientras trazo la línea (Bonet, 2022: 329-330).

En su obra textovisual, la repetida representación de los fluidos corporales, la genitalidad y el embrión no nato constituyen distintas expresiones de lo abyecto, entendido como "aquello que perturba una identidad, un sistema, un orden. Aquello que no respeta los límites, los lugares, las reglas" (Kristeva, 2006: 11).[14] En términos corporales, lo abyecto en la novela no

---

[14] La estética de lo abyecto aparece en muchos de los libros mencionados anteriormente, como los mingitorios en el libro de Ana Clavel, las pruebas médicas en el caso de Sergio Loo o la enfermedad en la novela de Marta Sanz. En *La anguila*, la iconografía y la representación vúlvica tiene un valor especial, consciente de su importancia en la historia del arte y su tradición (Hernando, 1996; Sanyal, 2012; Espinosa, 2024). En esta línea, Paula Bonet ha ilustrado con una vulva la cubierta de *Cunnus* (2023), ensayo de Patricia González Gutiérrez sobre la sexualidad en Roma.

se contempla como un residuo biológico, sino como un elemento activo que proyecta una dinámica conflictiva en torno a la subjetividad. Lo abyecto, que define los contornos permeables de la cultura, está habitualmente vinculado a ciertos elementos que violentan al sujeto: "es un elemento relativo al límite, al margen" (Kristeva, 2006: 90), que remite a la impureza y rompe las barreras aparentemente inviolables de la carne.

Así, la protagonista establece en ciertos momentos una relación afectiva con lo abyecto: "Vi cómo asomaba una de mis mosqueteras. La cogí con los dedos y la saqué con cuidado. Era diminuta y estaba ahogada por el cordón umbilical de la mediana, que se deslizó también por mi vagina. La más grande, la que podría haber sobrevivido, también salió de mi vientre antes de tiempo. Estaban enredadas. Tengo una foto de mis tres mosqueteras reposando en la palma de la mano. Son gelatinosas" (Bonet, 2021: 22). No obstante, lo abyecto se reactiva en otras ocasiones desde una manifiesta repulsa visceral, donde lo fluido y lo líquido se cargan de violencia:

> siento como si aquellos poetas […] hubieran empezado a lanzar mierda encima de aquel yo cándido. Cagallones de burro, escupitajos, su lefa. "Tranquila, mi Niña, no te vamos a hacer daño", decían mientras deslizaban sus manos sobre mi cuerpo resbaloso. Si cerraba los ojos, la lefa, la mierda y las babas eran suaves entre sus manos y mi carne (Bonet, 2021: 189).

Gracias al poder ilusorio del lenguaje, el lector asiste a la misma emoción de desagrado, igual de impactante y genuina que lo narrado. Se patentiza la incapacidad de neutralizar lo abyecto y, muy al contrario, como indica Korsmeyer (2002: 194), este tipo de recreaciones permiten entender el verdadero alcance del objeto que los impulsa.

La idea de la abyección se retoma en *Los diarios de "La anguila"*. En este volumen, Bonet ordena —y reordena— palabras, fotografías, dibujos, relatos fragmentarios, comentarios de lecturas y anotaciones cotidianas; finalmente deviene objeto artístico. Todo ello se desarrolla en el marco del "impulso archivístico" (Foster, 2004) o de la "fiebre de archivo" (López-Gay, 2020: 15-23) que, como explica Ruben Venzon (2023: 8), supone una innovación respecto a su vinculación habitual con el discurso historiográfico, con lo que se impulsan nuevas formas fragmentarias e híbridas que se sitúan en una zona de indeterminación genérica. De una serie de dieciséis cuadernos iniciados en 2018, Bonet renuncia a once y propone un acercamiento al taller de su ficción y a los materiales que configuran su novela: "Son unos cuadernos negros en formato vertical donde hay un gran número de retratos. […] Mi único objetivo es ser muy fiel a los diarios originales. Contemplamos la idea de que fuera un libro manoseado, pero era muy complicado de realizar editorialmente. […] No es solo un recorrido visual" (Bonet en Fernández, 2022); una concepción del libro como objeto donde también estriba el concepto de contaminación.

Este intento de mostrar la realidad material, física, de los cuadernos originales, que "dialogan directamente con la novela" (Bonet, 2022: 342), prefigura el contenido abyecto del mismo, en cuya composición destacan dos estrategias. Por un lado, la fusión de su obra con la de otros autores —Louise Bourgeois, André Racz, Paula Rego y, en especial, Roser Bru—, una contaminación activa que surge de buscar un canal expresivo a las experiencias biográficas. Por otro, la inclusión de numerosas fotografías que, si bien es una práctica habitual en las narraciones de carácter autobiográfico, sus relaciones con el texto nunca son del todo obvias o evidentes (Venzon, 2024: 13). Bonet utiliza esta técnica de manera creativa —también a través de desplegables—, y coloca en un lugar preeminente la fotografía de su triple aborto espontáneo: la écfrasis que abre la novela *La anguila* encuentra aquí su origen pero también su cierre.

La estética intimista, derivada del propio carácter del diario, contribuye a dotar de narratividad y significado la edición y composición de este cuaderno. En el final de la novela la protagonista declara el fin de su silencio —"Ha pasado el tiempo y ahora puedo pintar y puedo hablar de pintura" (Bonet, 2021: 234)—, lo que evidencia la centralidad del lenguaje en esta relación interartística: en *Los diarios de "La anguila"*, las palabras y las imágenes interrumpen de modo productivo la historia desarrollada, en lo que se ha considerado una "apropiación física" del lenguaje (López-Gay, 2024: 523) que ha impulsado "un diálogo que ha traspasado los estrictos límites de los géneros artísticos, para borrarlos y reconvertirlos" (Escalona, 2021: 173).

Libre de prejuicios formales o genéricos, *La anguila* articula tensiones entre imaginación y realidad, autobiografía y ficción, pintura y literatura; una estrategia que no busca resolver dichas oposiciones sino insistir en su coexistencia ambigua y proponer una "relación de indecisión" (López-Gay, 2024: 525). El proyecto *La anguila* entrecruza distintos materiales y modos de expresión, que a su vez intervienen sobre el recuerdo, la imagen y la escritura. Estas estrategias narrativas y visuales se complementan desde su intermedialidad, en sintonía con la sensibilidad estética contemporánea —híbrida, abierta, radical—. Con ello, Paula Bonet explora el intersticio como lugar de generación de sentido, y logra conciliar diferentes experiencias y afectos estéticos; un posicionamiento con el que supera categorías tradicionalmente excluyentes y que constituye, en definitiva, una poética de la contaminación.

Bibliografía

Ahmed, Sara (2015), *La política cultural de las emociones*, trad. Cecilia Olivares Mansuy, Ciudad de México, Universidad Nacional Autónoma de México.

Arroyo Redondo, Susana (2014), "El diálogo paratextual de la autoficción", en Ana Casas (ed.), *El yo fabulado. Nuevas aproximaciones críticas a la autoficción*, Madrid y Frankfurt am Main, Iberoamericana-Vervuert, pp. 65-77. https://doi.org/10.31819/9783954878154-004.

Bazzocchi, Gloria (2024), "Imparare a tradurre la multimodalità in ambito editoriale: *Qué hacer cuando en la pantalla aparece «The end»* di Paula Bonet", en Raffaella Tonin, Rafael Lozano Miralles y Marina Maggi (eds.), *Tradurre per il giovane publico. Approcci metodologici, nuove contaminazioni e pratica collaborativa a confronto*, Bolonia, Clueb, pp. 77-85.

Berenguer Revert, Clara (2016), "Il·lustrar els clàssics (a propòsit de l'adaptació de Tirant lo Blanc amb il·lustracions de Paula Bonet", *Tirant: Butlletí informatiu i bibliogràfic de literatura de cavalleries*, 19, pp. 275-278.

Bonet, Paula (2021), *La anguila*, Barcelona, Anagrama.

Bonet, Paula (2022), *Los diarios de "La anguila"*, Barcelona, Anagrama.

Chumillas, Cristina (2021), "Paula Bonet: la pintura como exploración interior", en Cristina Chumillas (ed.), *La anguila. Esto es un cuadro, no una opinión*, Valencia, Universidad de Valencia, pp. 15-20.

Clair, Jean (2024), *De inmundo*, trad. Santiago E. Espinosa, Madrid, Arena Libros.

Colonna, Vincent (1989), *L'autofiction (Essai sur la fictionalisation de soi en Littérature)* [tesis doctoral], Lille, École des Hautes Études en Sciences Sociales.

Doubrovsky, Serge (1977), *Fils*, París, Galilée.

Douglas, Mary (1973), *Pureza y peligro. Un análisis de los conceptos de contaminación y tabú*, trad. Edison Simons, Madrid, Siglo XXI.

Escalona, Patricia (2021), "Conversaciones abiertas", en Cristina Chumillas (ed.), *La anguila. Esto es un cuadro, no una opinión*, Valencia, Universidad de Valencia, pp. 173-175.

Espinosa, Saray (2024), "Lo de «ahí abajo»: arte feminista, autoconocimiento y representaciones vúlvicas en los setenta", *MariCorners. Revista de Estudios Interdisciplinares LGTBIA+ y Queer*, 1 (1), pp. 293-315. https://doi.org/10.24197/mcreilq.1.2024.293-315.

Fernández, Víctor (2022, 22 de mayo), "Paula Bonet: «Aquí quien siente vergüenza es la víctima, no el agresor»", *La Razón*, p. 62.

FOSTER, Hal (2004), "An Archival Impulse", *October*, 110, pp. 3-22. https://doi.org/10.1162/0162287042379847.

HERNANDO, Alberto (1996), *Cunnus. Represión e insumisiones del sexo femenino*, Barcelona, Montesinos.

KIBÉDI VARGA, Áron (2000), "Criterios para describir las relaciones entre palabra e imagen", trad. Camila Loew, en Antonio Monegal (ed.), *Literatura y pintura*, Madrid, Arco Libros, pp. 109-135.

KORSMEYER, Carolyn (2002), *El sentido del gusto. Comida, estética y filosofía*, trad. Francisco Beltrán Adell, Barcelona, Paidós.

KRISTEVA, Julia (2006), *Poderes de la perversión*, trad. Nicolás Rosa, Ciudad de México, Siglo XXI.

LÓPEZ-GAY, Patricia (2020), *Ficciones de verdad. Archivo y narrativas de vida*, Madrid y Frankfurt am Main, Iberoamericana-Vervuert. https://doi.org/10.31819/9783968690506

LÓPEZ-GAY, Patricia (2024), "Ellas «toman el pulso de lo social»: autoría, emoción y política en la autoficción española contemporánea", *Rilce*, 40 (2), pp. 503-532. https://doi.org/10.15581/008.40.2.503-32.

MARQUÉS HERNÁNDEZ, Paula (2023), "Coses que no es diuen: genealogia embrionària de maternitats subalternes i de no-maternitats en la narrativa catalana i italiana contemporània", en Francesco Ardolino y Cèlia Nadal Pasqual (eds.), *L'escriptura de les dones: genealogies italo-catalanes*, Alessandria, Edizioni dell'Orso, pp. 59-77.

McGINN, Colin (2016), *El significado del asco*, trad. José Manuel Annacondia López, Madrid, Cátedra.

MILLÁN SCHEIDING, Catalina (2020), "Paula Bonet (1980): ¿qué esconde el trazo?", en Mar Busquets Mataix y María Stella Manaut Roca (coords.), *Creadoras mediterráneas modernas y contemporáneas*, Madrid, Lastura, pp. 237-241.

MITCHELL, W. J. T. (2000), "Más allá de la comparación: imagen, texto y método", trad. Ana Romero, en Antonio Monegal (ed.), *Literatura y pintura*, Madrid, Arco Libros, pp. 223-254.

MONEGAL, Antonio (2000), "Diálogo y comparación entre las artes", en Antonio Monegal (ed.), *Literatura y pintura*, Madrid, Arco Libros, pp. 9-21.

MUKAŘOVSKÝ, Jan (1977), "Between Literature and Visual Arts", trads. John Burbank y Peter Steiner, en John Burbank y Peter Steiner (eds.), *The Word and Verbal Art*, New Haven y Londres, Yale University Press, pp. 205-234.

MUÑOZ TEJERO, Lucía (2023), *Narrar (desde) el género. Autobiografía, arte y literatura en Paula Bonet y Tracey Emin* [trabajo fin de grado], Murcia, Universidad de Murcia.

NATALE, Cecilia (2015), *Tradurre l'interazione tra parole, suoni e immagini: "Qué hacer cuando en la pantalla aparece «The end» di Paula Bonet* [trabajo fin de máster], Bolonia, Universidad de Bolonia.

NODARI, Alexandre André y Letícia PILGER DA SILVA (2019), "Corpos que (se) escrevem en La sed, de Paula Bonet", *Miscelânea*, 25, pp. 155-179.

PÉREZ FONTDEVILA, Aina y Meri TORRAS FRANCÈS (2019), "El género de la autoría", en Aina Pérez Fontdevila y Meri Torras Francès (eds.), *¿Qué es una autora? Encrucijadas entre género y autoría*, Barcelona, Icaria, pp. 7-23.

PILGER DA SILVA, Letícia (2022), "Corpos de mulheres controlados e (re)construídos em La sed, de Paula Bonet", *Mester*, 51, pp. 23-49. https://doi.org/10.5070/M351055741.

PILGER DA SILVA, Letícia (2024), "O corpo sem embrião de Paula Bonet, a mãe que não pôde ser", *Frontería*, 5 (1), pp. 199-207.

PIMENTEL, Luz Aurora (2023), *Ensayos de Teoría narrativa y Literatura comparada*, Ciudad de México, Bonilla Artigas.

RAJEWSKY, Irina (2020), "Intermedialidad, intertextualidad y remediación. Una perspectiva literaria sobre la intermedialidad", trad. Brenda Schmunck, *Vivomatografías. Revista de estudios sobre precine y cine silente en Latinoamérica*, 6, pp. 432-461.

RIFFATERRE, Michael (2000), "La ilusión de écfrasis", trad. Carles Besa, en Antonio Monegal (ed.), *Literatura y pintura*, Madrid, Arco Libros, pp. 161-183.

RÓDENAS DE MOYA, Domingo (2014), "Reflexiones y verdades del yo en la novela española actual", en Ana Casas (ed.), *El yo fabulado. Nuevas aproximaciones críticas a la autoficción*, Madrid y Frankfurt am Main, Iberoamericana-Vervuert, pp. 169-190. https://doi.org/10.31819/9783954878154-009.

SANYAL, Mithu M. (2012), *Vulva. La revelación del sexo invisible*, trad. Patricio Pron, Barcelona, Anagrama.

SCHMITT, Arnaud (2007), "La perspective de l'Autonarration", *Poétique: Revue de théorie et d'analyse littéraires*, 149, pp. 15-49. https://doi.org/10.3917/poeti.149.0015.

SILVIA, Paul J. (2009), "Looking Past Pleasure: Anger, Confusion, Disgust, Pride, Surprise, and Other Unusual Aesthetic Emotions", *Psychology of Aesthetics, Creativity, and the Arts*, 3 (1), pp. 48-51. https://doi.org/10.1037/a0014632.

TOUTON, Isabelle (2016), "La intermedialidad en la novela española actual: apuntes desde una perspectiva de género", en Gabriela Cordone y Victoria Béguelin-Argimón (eds.), *Manifestaciones intermediales de la literatura hispánica en el siglo XXI*, Madrid, Visor, pp. 71-90.

VENZON, Ruben (2023), "Archivos y documentalismo en la narrativa hispánica actual", en Ruben Venzon (ed.), *La praxis literaria del archivo. Narrativas documentales en la literatura hispánica del siglo XXI*, Valladolid, Cátedra Miguel Delibes, pp. 7-12.

VENZON, Ruben (2024), *Revelaciones. Álbum familiar y fototextualidad autobiográfica en la narrativa española del siglo XXI*, Madrid y Frankfurt am Main, Iberoamericana-Vervuert. https://doi.org/10.31819/9783968696003.

MIRAR, SENTIR, PENSAR:
JOSÉ ÁNGEL VALENTE Y LAS ARTES

MILAGROS GARCÍA VÁZQUEZ
Universidad Pontificia Comillas

Hacer estética en las esferas del arte de los siglos XX y XXI no resultó, ni resulta fácil para el filósofo o para el artista. El propio Valente así lo entiende:

> Resultaría difícil considerar hoy la estética como discurso unitario sobre la obra de arte en cuanto portadora o realizadora del principio de lo bello. [...] No se habla hoy de estética ni de poética, sino de estéticas o de poéticas. Perspectiva plural o múltiple la del pensamiento sobre la obra de arte. Modificación radical de toda noción unitaria del arte mismo (Valente, 2002: 107-108).

Tan solo en este párrafo, Valente señala claramente los puntos centrales que ocuparán sus reflexiones sobre el arte y sus circunstancias, distribuidas en ensayos diversos. Lo bello; la estética, entendida esta en sus dos acepciones, la propia experiencia contemplativa, perceptiva, sensorial del ser humano frente al objeto natural, al acto, a la obra humana, así como la disciplina filosófica; la poética, en el sentido más clásico y neto del término, la *poiesis*, la creación, el proceso en que el artista concibe, crea y realiza la obra; y, por último la aparición de una diversidad absoluta en la práctica artística que desdibuja expectativas y convenciones, característica del arte desde el Romanticismo hasta nuestros días.

En esta dificultad, no obstante, y precisamente, los románticos ya nos dieron dos lecciones. Cuando la historiografía o la filosofía no alcanzan a dar cuentas del arte, entonces viene en su relevo la poesía —entendida de aquí en adelante siempre como literatura— para transformarlas en crítica de arte y en estética simbólica. Así nos lo explica Friedrich Schlegel en su diálogo sobre la pintura y en varias de sus entregas en torno a las artes a la revista *Atheneum* (1803 y 1805). No se trata de describir, como hace la historiografía, sino de poner palabras, poesía en su descripción, viene a decirnos el filósofo alemán. Muy en consonancia con este pensamiento encontramos la definición de Baudelaire a la crítica de arte, "apasionada, política e imparcial", la mejor crítica de arte es para él otra obra de arte. Ahí es donde entra en concurso la poesía —insistimos, entendida aquí siempre como literatura, como palabra bella—.

Así podría enmarcarse, en gran parte, la incursión de José Ángel Valente en esta simbiosis entre literatura, crítica de arte y estética. Decían tanto Durero como Oscar Wilde que el mejor crítico de arte, quien cuenta con mayor potestad para hablar de arte no es otro sino el artista. De su sensibilidad como creador surge en Valente la perfecta sintonía con artistas como Chillida o Tàpies, muy especialmente, entre muchos otros. Pero también existe con ellos, en no poca medida, afinidad allende lo artístico, una afinidad de orden místico, nos atrevemos a decir. De hecho, Valente definía el arte como una ascesis:

> una llamada que nos saca de la visión plana de lo cotidiano y nos hace ver el milagro de la vida diaria…, nos está proponiendo continuamente órbitas nuevas de conocimiento de lo que vivimos pero que no entendemos, que no conocemos. Y eso yo creo que es una de las funciones primordiales que tiene, y que siempre ha tenido, el arte con respecto al hombre (Valente y Suárez, 2023: 32).

Y esto en cuanto al arte en líneas generales. Para la creación reserva otra definición rayana también con un plano trascendente, o trascendental, o fenomenológico, si queremos: "crear es ante todo, un espacio en donde acontece esa creación" (Valente, 2011:156). Y esto es así porque Valente tanto entiende y experimenta el arte como acontecimiento dual y, por lo tanto, completo, aunque a la vez, fragmentario. Dual porque sucede en el acto creador y, a su vez, en la contemplación necesaria del espectador que, para cumplirse en su integridad y mayor perfección, requiere de silencio para escuchar, por encima de todo, como veremos. Y fragmentario, porque de la suma de los tres pilares de la creación artística: creador, obra y espectador no deriva un resultado ni único, ni final. Es la suya, podríamos decir, una estética no solo poética, sino, en este sentido, también hermenéutica.

Estas líneas señalan, en definitiva, su preocupación constante en sus ensayos sobre arte y creación acerca del papel y la misión contemporáneas tanto de la estética como de la poética, por entenderlas ambas análogas con sus centros en las artes plásticas y las artes poética respectivamente. Habría de apuntarse aquí la pertinencia de sus reflexiones incluso a día de hoy, en pleno siglo XXI, en el que algunos de los interrogantes planteados a sí mismo —y a sus interlocutores artistas y poetas coetáneos y pretéritos— siguen estando sobre la mesa.

Dichas inquietudes giran en torno a dos conceptos: la unidad de los lenguajes artísticos y la consecuente colectividad expositiva y comprensiva —perceptual, en definitiva— de la expresión artística. Considera Valente la subjetividad creadora como un bien positivo, de insoslayable aparición en las transformaciones artísticas sucedidas a lo largo de la historia. No obstante, la derivada comprobada de la excesiva fragmentación ha contribuido, según Valente, a la desaparición —o al menos a la inmersión en una latencia a despertar— de una de las vocaciones de la creación artística, la configuración de un lenguaje común (Valente, 1994: 139).

¿En qué sentido es, entonces, positiva para Valente esta multiplicidad de caminos en el ámbito artístico? Nos lo deja muy claro el poeta, en el sentido hacia la ampliación y enriquecimiento de las formas de expresión, pero sin perder de vista al destinatario necesario para la completud e integridad de la obra de arte. En ello consistía, según nuestro escritor, el cumplimiento de esas dos líneas de actuación del arte, unidad de los lenguajes y colectividad perceptual, o, en sus palabras, "la mitificación de lo nuevo" y la "conversión de la experiencia solitaria en experiencia solidaria" (Valente, 1994: 139).

Valente, de un modo natural e instintivo nacido de su amor profundo y sincero al arte, nos ofrece en sus textos diversos hitos en los que se dibuja una actitud frente a este que, vista panópticamente, forma un mapa de ruta en el que el destino final sería alcanzar respuesta a estas cuestiones. Lo que declara y define al poeta gallego, como valedor de una estética contemporánea, es el hecho de que en esa trayectoria los pasos marcados se detienen no solo en su actualidad, sino en el arte del pasado. Este se presenta como referente de valor e imprescindible, tanto para educar la mirada en general sobre el arte y sus secretos, como para encontrar las claves que permitan acertar con la dirección más adecuada o propicia en el arte actual. No podemos olvidar, en este sentido, las detenidas y pormenorizadas descripciones de sus experiencias ante la obra de Mattias Grünewald o frente a la santa Teresa de Bernini en la Capilla Cornaro, entre otras muy variadas.

En este mapa trazado por Valente y leído en clave estética podemos distinguir cuatro espacios, cuatro lugares, en donde se produce la experiencia con el acontecimiento artístico hasta ahora definido, es decir, entendido como vital: la caligrafía de su padre, sus frecuentes visitas museos allí donde viaja o reside, el conocimiento de la estética como disciplina y la proximidad y amistad con los artistas.

Pasado el tiempo, evocando sus recuerdos de la infancia, Valente reconoce cómo en la figura de su padre sumergido en la escritura estaba contenida ya toda su estética tardía, verle escribir fue su "primera impresión del arte" (Valente, 2002: 32). Y aquí, a la luz de lo que escribió sobre los artistas, podemos entender por "estética" tanto la aplicada a su propia obra, como su pensamiento sobre las artes. Se fija en cómo escribía su padre, atento al proceso antes que al resultado: escribía "con todo su cuerpo, con todos sus gestos y lo hacía no de modo instrumental, sino por pura y gozosa complacencia" (Valente, 2002: 31).

La escritura se convierte para Valente, a partir sobre todo del arte oriental, tan eminentemente caligráfico, en un arte que se pinta y en una pintura que se escribe. Si aplicamos nosotros este camino de ida y vuelta, podríamos decir que los signos de su escritura, cuando a arte se refiere el tema tratado, nos "pintan" asimismo las obras de su querencia. Sus palabras se tornan trazos, pincelas, gestos generadores de un "meta-arte", quizá sea esta la mejor denominación para la estética de Valente, una estética metartística. En el fondo, hace aquello que ya decía, como vimos, Baudelaire, la mejor crítica de arte —en este caso, también, reflexión sobre el arte— es otra obra de arte. Así son sus textos sobre creación, arte y artistas.

El segundo espacio, decíamos, es el del museo. Especialmente en su *Diario anónimo* podemos rastrear la pléyade de pintores por la que siente debilidad nuestro escritor. Hay que reparar aquí en su fijación por la pintura, a excepción de Chillida. Quizá por ese primer acceso a la creación de la mano de la caligrafía paterna.

El Bosco, Goya, Giotto, Willem de Kooning, Van Belde, Bacon, son algunos de estos nombres, que, en no pocos casos se vuelven recurrentes, como sucede con El Bosco o de Kooning. En estas experiencias, ante la obra, ante el artista, a veces muy sintéticas —recordemos que es un diario construido a base, muchas veces de pequeñas notas— hace ejercicio —en la coherencia interna que caracteriza la vida y obra de Valente— de una práctica o, mejor, de una experiencia que puede servirnos hoy a nosotros de ejemplo para llevarla a la práctica en nuestra relación con el arte: "conocer la naturaleza de un arte es demorarlo fruto de inexorables formas de amor" (Valente, 2011: 226). Un proceso o fenómeno que puede proyectarse tanto sobre quién contempla, como sobre quién crea. Sobre este último, subrepticia y vitalmente, si es llamado a convertirse en el artista auténtico para quien no existen fronteras entre la vida y el arte.

El tercer espacio en el que se define su experiencia con el arte, tal como señalábamos, es su preocupación por la estética como disciplina filosófica. No deja de sorprender el modo en que adquieren peso todas sus reflexiones sobre el arte y sus prácticas al conocer más de cerca el estudio entusiasta y riguroso de Valente en este ámbito.

Parte del principio mismo, de las consideraciones primeras de A. G. Baumgarten en 1735 recogidas en *Meditaciones filosóficas sobre algunas cuestiones de la obra poética* que derivarán después en el estudio más preciso e inaugural de la disciplina estética como tal en la obra homónima de 1750. Este será, de los suyos cuatro, su primer referente en la materia. No podía ser de otro modo en el rigor que caracteriza el hacer del autor gallego. Pero no solo, pues advierte relacional el origen de la disciplina en la Inglaterra, Italia y Francia del siglo XVIII, llegando hasta Shaftesbury, Hutcheson, Vico, Batteux, Diderot, D'Alembert y, por supuesto, también a Kant, a Goethe, y a Hegel en Alemania. Y más en este último contexto, pues se remonta incluso a la concepción de la belleza de uno de sus referentes místicos alemanes, Silesius.

Reconoce, en todas estas reflexiones, la conexión indefectible entre belleza y *aisthesis*, y esta, placentera. Pero no es esto lo que le interesa y es lo que se trasluce en sus propias meditaciones filosóficas sobre el arte. Para ello recurre al sustrato ontológico que, a su parecer, concede paradigmáticamente Heidegger a esta *aisthesis*, poniendo como ejemplo las impresiones de este en su famoso comentario a los zapatos de van Gogh en su ensayo *Sobre el origen de la obra de arte*.

Lo que interesa a Valente es el modo en que el discurso sobre el arte se transforma a su vez en arte a su vez a medida que pasa de la experiencia del autor, a la idea y después se vierte sobre el papel. Y en este estadio casi final —a falta de la lectura conclusiva del destinatario, como la contemplación en el arte— adquiriendo forma a partir del enunciado de consideraciones narrativas, poéticas o elocuentes. De este modo, el lenguaje se presenta para Valente como el centro de cualquier aproximación a la obra de arte.

El segundo elemento que le interesa en su indagación sobre la estética es la propuesta inicial, ya hoy muy ampliada, de Baumgarten: entenderla como una teoría del conocimiento sensible. Esto lo traduce Valente, en términos zambranianos, en razón estética o razón poética, concepto que se remonta a G. V. Gravina.

Consciente de las transformaciones genuinas en el arte contemporáneo y su recepción, su segundo referente en este ámbito es Walter Benjamin y su análisis del concepto de "aura" en *La obra de arte en la época de la reproductibilidad técnica* (1936). Se confiesa deudor de estas reflexiones que nos ponen sobre la pista de la injerencia en nuestra relación con el arte de la Fotografía, el Cine y el arte para las masas.

En esta observación atenta a los hitos del Arte contemporáneo, el tercer referente para Valente en la reflexión estética es Duchamp y su transgresión perpetrada con el *ready-made*, gesto que define como "uno de los límites extremos del Arte contemporáneo" (Valente, 2002: 111).

Su cuarto referente es coral, es —y esta es la suya propia y preferencia personal en otros—, lo que llama "las estéticas de la retracción" (Valente, 2002: 112). Interioridad, concisión, brevedad, silencio. Kandinsky, Celan, Webern son sus ejemplos estelares de esta contención, de esta "necesidad interior", recordando Kandinsky, de decir todo lo más con todo lo menos. Frente a la multiplicidad y vértigo contemporáneos, aparece como reacción la sutileza de lo discreto, de lo ligero. Veremos cómo los artistas contemporáneos en los que fija su atención, especialmente los tres de los que hablaremos más adelante, recalan este tipo de estética.

En cuarto lugar, señalábamos, podemos conocer cómo terminaba de ajustarse la mirada de Valente sobre el arte mediante su aproximación más o menos directa con los artistas, con algunos de los cuales mantuvo una estrecha amistad. Los nombres que incluimos aquí, dentro del ámbito preferentemente del arte contemporáneo son el muy citado Kandinsky, Klee, Bruce Nauman, Malevich, el mismo Duchamp. Con todos ellos se fija una relación singular en los textos que nuestro escritor les dedica.

Con otros artistas hay, además, una declaración explícita de intimidad. ¿A quién de nosotros no le ha sucedido con algún artista, con su figura, con su obra, el encontrar una afinidad tal que —aun en el caso de que se trate de un artista, pongamos por caso, abstracto— haya podido reconocer una sinergia inexplicable, inexpresable? Es a esta inefabilidad a la que Valente procura revestir de palabras. No hace sino atender a la compresión que de la estética gesta en sí mismo, como hemos visto: la manifestación del poder del lenguaje como medio, centro y fin de todo discurso sobre el arte.

Esa situación invitatoria que acabamos de plantear a Valente le sucede especialmente con aquellos a los que regala, como odas admiradas, textos íntegros. Es aquí donde hace un especial recurso a esa estética simbólica, metartística, como términos indiferenciados, poniendo en marcha su razón estética y su razón poética. Si hacemos un recorrido por la selección de estos artistas y recalamos en los elementos en que en sus obras se detiene nuestro poeta, obtenemos un cierto patrón de sus preferencias, inclinaciones e inquietudes estéticas.

Antes de trazar esa línea, el hecho de que en sus reflexiones sobre la creación artística y la experiencia estética parta de esta última, digamos, la parte práctica, se dirija después a abundar y profundizar en la parte teórica y nunca deje de tener presente la realidad del arte, le sitúa en un lugar muy a tener en cuenta en la estética como disciplina. Y ello porque no deja de transitar entre una orilla y otra, el pensamiento y la acción, dejando muy claro en sus escritos que se trata de dos vasos comunicantes. Actitud, decíamos, sugestiva para el lector que pone en evidencia cómo la experiencia estética no solo es sensible ni solo puede conocerse mediante la reflexión intelectiva.

Entre los artistas homenajeados en sus textos nos encontramos con Luis Fernández, Baruj Salinas, Paul Rebeyrolle, Vicente Rojo, Cristina Iglesias, Mark Tobey, Antoni Tàpies o Eduardo Chillida. En todas las descripciones de las obras de estos artistas aparecen tratados con insistencia varios conceptos: ligereza, transparencia, rigor, simplicidad, vacío, espacio, silencio y límite. Aquellos que ya señalábamos como integrantes de esas "estéticas de la retracción".

Escogeremos, en una primera instancia, a los dos últimos artistas citados y nos detendremos en los dos últimos conceptos: Tàpies y Chillida, silencio y límite, por ser los más frecuentados, vinculados respectivamente, Tàpies con el silencio y Chillida con el límite.

La relación con Tàpies parte de su declarada deuda con los pintores en su quehacer poético. ¿Por qué razón? Valente lo deja muy claro:

> la materia original sobre la que trabajamos todos es la misma. Es esa materia en la que uno no sabe muy bien qué va a encontrar, esa materia oscura… Eso los escritores tendríamos que tenerlo muy en cuenta, incluso en nuestra aproximación a las Artes, incluso para nuestra propia creación (Valente, 2002: 90, 121).

A este respecto, y partir de la inspiración ocasional del pintor en piezas musicales, explica el poeta su comprensión holística de las artes:

> La verdadera pintura es tanto música como poesía. La verdadera poesía o música es tanto pintura como cierta divina sabiduría. Esto me parece que plantea

de forma muy radical el principio de que toda creación parte de una misma materia (Valente, 2002: 90).

He aquí, de nuevo, una alusión a la razón poética/estética. En esa confluencia de todas las artes, encuentra Valente el elemento sacro necesario, nos dice, en toda creación artística, pues no es la razón la que opera, sino lo inefable, según apostilla Tàpies, "lo inefable, lo intelectualmente imposible" (Valente, 2002: 91). Y, puesto que la misma materia es "oscura", es inefable, tanto en su origen como en su resultado. Esta es una nada, un vacío, que exige el vaciamiento del artista y su ocultamiento. Y esta nada, este anonadamiento del artista es silencio, "el lugar de la materia interiorizada" (Valente, 2002: 93).

Es en las obras de Tàpies donde Valente ve la posibilidad plena del silencio. La reconoce en el artista que desaparece, que acaba por expresarse callando, para dejar su espacio a la manifestación propia de la materia, interviniendo lo mínimo, en invitación perenne al silencio contemplativo en quien mira. Ahí reside el secreto de la absolutidad de la materia, no entendida como figura ajena en la que la materia se convierte en mero medio, sino que es su propia forma, su intransferible acontecer.

Ahora bien, parece mostrarse aquí, en la conversación que mantienen pintor y escritor, una paradoja. ¿No acababa por ser el lenguaje la mejor manera de expresar, literalmente, el arte? ¿Cómo es posible entonces estar refiriéndose a lo inefable? Valente responde así a esta pregunta:

> La invitación del pintor a entrar en un mundo que está más allá de las palabras es válida desde cualquier estética, pues es la aventura de la creación: ir más allá de las palabras. La palabra poética empieza justo donde el decir es imposible. Consiste en romper las fronteras de lo imposible (Valente, 2002: 96).

El lenguaje deja de ser entonces habla, deja de decir, para simbolizar, para dar forma a su vez a lo que ha emergido en el silencio, de la nada, de la desaparición del artista. Parece que solo es posible hablar de arte si se hace poéticamente y de este modo contradictoriamente callado. La palabra poética, la que crea nuevamente, es la manifestación elocuente del silencio del arte, podríamos decir, solo posibilitada por el silencio interior de quien la pronuncia y de quien la acoge.

Este silencio era uno de los cauces esenciales para el hallazgo en el trabajo de Tàpies. Una actitud evocadora de otra también necesaria, tanto en la creación como en la percepción, la escucha, uno de los elementos esenciales en la poética de Valente. Para que acontezca, la condición previa es el silencio, primero interior y luego exterior para, como en el movimiento sistólico y diastólico del corazón, proceder a la escucha. Y en ella, en la atmósfera del silencio, es donde se posibilita óptimamente el hecho estético, el hecho objeto de la *aisthesis*, de la percepción, pero tendido, en este movimiento más allá de lo "superficial", como conocimiento.

Este es el proceso que puede superponerse como clave de lectura a la propia evolución de Tàpies, tan bien detallada por el propio artista en su texto "Comunicación sobre el muro". El silencio fue su punto de partida para escuchar a su memoria y también a lo que iba saliendo de sus manos. Silencio fue su meta una vez comprendido el valor simbólico de la forma, a la que, como "asunto" es necesario escuchar y ante la que, igualmente, hay que guardar reverencial silencio.

En la última reflexión citada, Valente nos introduce indirectamente otro de sus términos recurrentes, "frontera", próximo al de "límite" que tanto le intrigó, preocupó y ocupó sus pensamientos. Será en Chillida, a quien Valente define encontrando en él "el don de la ligereza", en quien descubra la existencia de un interés compartido por la poética del límite.

Aquí casi podría decirse que el arte contemporáneo, visto en las coordenadas en las que lo hace Valente, no deja de ser una historia de renuncias, de despojamiento, de vacío. Solo que, por otro lado, el vacío es la condición propicia a la aparición de nuevos acontecimientos. De este modo, el vacío se convierte, mediante la práctica artística y la experiencia estética, en espacio positivo. A su vez, el espacio nace de otra necesidad, como lo hace el silencio a partir de la escucha, y es la existencia de límites. Ha de existir lo que Chillida definía —y esculpía— como "rumor de límites". Gracias a todo ello, precisamente, vacío, espacio, límites y el aire intersticial, el artista vasco afirmaba que podía ser escultor.

Como hemos comprobado, en este sentido liminal, la estética de Valente apunta al alcance del límite, pero no lo hace tanto como frontera, sino como lugar a superar hacia el otro lado del que nos encontramos, o nos es posible encontrarnos. No obstante, no deja de estar sujeta a las coordenadas del tiempo y del espacio, como lo está todo material artístico, se trate de la palabra, como es su caso, o de la materia física, en el de Chillida. Sin embargo, el arte, en su misterio genésico y teleológico, permite que dichas coordenadas se trasformen en escenario para figurar las esencias, del ser, de la naturaleza y del mundo. Inquietud esta compartida por el escritor y el escultor.

Esa idea de límite toma forma, de alguna manera, en dos de las obras de Chillida, precisamente, en la línea del horizonte: *Peine del viento* (1977, Playa de Ondarreta, San Sebastián), *Elogio del horizonte* (1990, Gijón). Entendida esta como frontera, "en una línea el mundo se une, con una línea el mundo se divide, dibujar es hermoso y tremendo", decía el escultor vasco. Su pregunta constante al contemplar la mar desde niño es el reconocimiento de una cuestión presente desde siempre, dice él, en la condición humana: "¿Qué es lo que habría detrás del horizonte?" Él lo define como algo inalcanzable, necesario e inexistente.

Es así como Valente reconoció en el escultor, a partir de la propia interrogación que este plantea en su discurso de ingreso en la Academia de Bellas Artes, "¿existen límites para el espíritu?" (Chillida, 2016: 100), el carácter fundamental del límite en la obra de Chillida, del borde lindante con lo misterioso de la vida a través de lo misterioso del arte. Una inquietud que el mismo escultor confirma:

> ¿Por qué es inalcanzable? Porque tú nunca puedes llegar a la idea que tú creías que podía ser el horizonte cuando no sabías que el horizonte es una distancia entre tu punto de vista y el lugar en el cal la tierra tiene la curvatura necesaria para que tú no puedas ver más allá. Si tú avanzas, él avanza también. Acabaría por cubrir en todos los sentidos toda la gran masa de la Tierra, y eso me hizo pensar últimamente si no será el horizonte la patria de todos los hombres.
>
> Todos los hombres somos hermanos, ¿no será el horizonte nuestra patria común? Yo en esto creo cada vez más… *Elogio del horizonte* trata de convocar las puertas que abren los caminos de la noche y el día (Chillida, 2003: 148).

Valente coloca en su horizonte literario también este límite, como ilimitado, nos dice, como lugar de convergencia entre contrarios: palabra e imagen, silencio y voz, Dios y vacío, noche y día, ¿dónde empieza uno y acaba el otro? A propósito del límite, nos habla también el escritor gallego de un "vacío intersticial", de ese "no lugar en dónde la tradición mística sitúa a Dios" (Valente, 2002: 156).

En el caso Chillida-Valente esta convergencia de preocupaciones estéticas y vitales se manifiesta además en la colaboración creacional. El escultor vasco contribuyó con sus obras en el acompañamiento a escritos de autores con los que encontraba afinidad. Así, sus grabados y dibujos acompañan ediciones de poemas de Edmond Jabès (*La mémoire et la main*, 1974-1980), de Emil M. Cioran (*Ce Maudit Moi*, 1983) o de Yves Bonnefoy (*Le miracle du feu*, 1986 y *Une Hélène de vent ou de fumée*, 1990), por citar algunos de ellos.

En el ámbito español no podemos dejar de mencionar la íntima convergencia con Jorge Guillén, entre cuyas colaboraciones podemos destacar la primera de ellas, realizada en 1973 para *Más allá*, libro editado por Maeght con dieciséis xilografías. Aquí encontramos el famoso verso que alentó gran parte de la inspiración chillidana en tantas ocasiones, "… lo profundo es el aire…". Y, por supuesto, existió también colaboración entre nuestro escritor y el escultor vasco. Chillida ilustró para él *Las Cántigas de Alen* en 1996.

En esta colaboración, bien justificada a la luz de los textos escritos por Valente sobre Chillida y su universo, se transparenta cómo en ambos se retoma ese pensamiento de Schelling recogido por Valente en sus planteamientos y reflexiones acerca de la estética contemporánea: "Mientras no hayamos transformado las ideas en obras de arte, es decir, en mitos, carecerán de interés para el pueblo" (Valente, 1994: 139). Chillida redescubrió su vocación hacia la escultura al regresar al País Vasco tras su primera estancia en París. Así, por contraste, se le hizo clara su pertenencia a una luz que no era la blanca mediterránea, sino la negra, como él la llamaba, del Norte, de la mar, del hierro, de la tierra, esta como en sus lurras.

Por otra parte, Valente únicamente escribirá este libro, *Las cantigas de Alen*, en gallego. En ellas, la lengua —como hace siempre, pero aquí de modo singular— se muestra, se revela como contenido y continente de esencias, esas buscadas igualmente por Valente en sus escritos y en las artes plásticas que contemplaba y admiraba. De este modo, ideas y mitos, singularidades y colectividad, en esa alianza tan deseada por ambos, emergen aquí como una nueva mitología. Mitología, sensible —en el sentido de perceptible por los sentidos—, poética —en el sentido de *poiesis*—, silenciosa al mismo tiempo, exigente de contemplación detenida, para transfigurar las coordenadas del mundo —tiempo-espacio— en coordenadas estéticas amplificadoras de sentido. Una mitología revelada en el aparentemente desorientado rumbo para la creación artística y que constituye en la estética de Valente el "rumor de límites" a percibir —tras los convenidos escucha y silencio— y al que aproximarse en medio del vacío transformado.

Por tanto, el vacío se torna en nuestro escritor espacio para el acontecimiento más allá de lo artístico, si de esencias hablábamos. Es lugar donde se puede asistir a la revelación de lo sagrado, lo misterioso, pero siempre asociado al límite. La coherencia de su pensamiento estético, trazado por las claves que hemos venido señalando, alcanza de modo singular, con meticulosidad de calígrafo precisamente, hasta otro de los artistas de su parnaso particular. A él dedica un texto en cuyo título se recogen todos estos conceptos seminales de la estética valentiniana: *Mark Tobey o el enigma del límite.*

Se trata de una reflexión sobre el artista estadounidense que supone una meridiana condensación de los hitos enumerados: ligereza, transparencia, rigor, simplicidad, vacío, espacio, silencio y límite, es decir, una reunión de la experiencia de nuestro escritor decantada en y a través de Tàpies y Chillida. Pero también, y es por esta razón que recuperábamos el término "sagrado", en el texto dedicado a Tobey, destacarán las alusiones a la cultura oriental, tan querida por Valente —como lo sería también para los dos artistas españoles— y a la caligrafía, completándose así, de algún modo, el círculo abierto en este recorrido por su pensamiento estético.

Dos serían los puntos de atracción para el escritor orensano hacia la figura y obra de Tobey. En primer lugar, su identificación espiritual tras su conversión a la fe Baha'i de origen persa, defensora de la unidad de las religiones y la fraternidad universal. En el norteamericano fue esta inflexión vital el punto de partida para comenzar a concebir el arte como un instrumento de expresión espiritual.

En segundo lugar, su aproximación, para ello, a la caligrafía gracias a su interés por la cultura oriental, explorada más en profundidad durante sus estancias entre Shanghái y Kyoto, donde pasa un tiempo viviendo en un monasterio zen en 1934. Se completaba así su conocimiento sobre las caligrafías limítrofes con lo artístico, pues ya había tenido contacto, tras su conversión, con las árabes y persas. Al regresar a Estados Unidos, Tobey estaba listo para dar expresión en su pintura a un mundo interior enriquecido y cultivado, como lo era el de Valente.

De este modo surge la llamada de atención para nuestro escritor, la técnica creada por el pintor norteamericano, *white writing.* Quizá nos resulte más conocido el Expresionismo abstracto representado por un Rothko —pintor también recurrente en Valente— o por Pollock, pertenecientes, respectivamente, a las dos corrientes contenidas en aquel movimiento artístico, *colour field* y *action painting.* Desapercibida suele pasar la figura de Tobey, de una generación anterior, que se adelanta en presentar el nuevo material artístico surgido en este marco del arte norteamericano, el gesto, aunque para el orensano se perfilaba con él más bien "una de las más ricas experiencias espirituales del arte del siglo XX" (Valente, 2002: 48).

Tobey se presenta en el texto de Valente como uno de los paradigmas del proceso creativo y del consecuente resultado, situado en ese borde que supera lo material para lanzar un ancla hacia lo espiritual. Lo primero necesario, sí, es el vacío, pero aquí se trata no solo de un concepto físico o simbólico, sino que es sinónimo de ese vaciamiento del propio artista reclamado por Valente y que ya hemos descrito. Insiste en ese "autoborrarse" para que la obra encuentre su sitio, pueda emerger, ser descubierta por el creador. En este acto ningún papel tiene la voluntad.

No podemos dejar de mencionar aquí un texto visitado por no pocos artistas en estos años, y también, por el propio Valente, Chillida y Tàpies, *Zen en el arte del tiro con arco*, escrito por Eugen Herrigel y publicado en 1948 y traducido al inglés en 1953. Solo esta liberación del sí mismo y de toda intencionalidad desemboca en la naturalidad y eficacia de la acción. El resultado de trasladar esta actitud del arquero a la práctica artística es esa máxima expresión con los mínimos medios, simplicidad e inmediatez y, como consecuencia ineludible, un orden espiritual en la obra que resuena como un eco en el espectador atento. En Tobey se cumplen a la perfección estas premisas de la estética valentiniana.

Por otro lado, esa sencillez y pureza se manifiesta en el norteamericano mediante el uso del color blanco de su gesto, de esa *white writing*. La singular caligrafía resultante es, para Valente, el medio por el que habita la luz como elemento principal en las obras de Tobey. Una luz "cuyo borde o filo se aproxima a la noche y nos deja propuesto el enigma del límite" (Valente, 2002: 53), nos dice nuestro escritor. Y, de nuevo, el límite y el misterio revelados ambos, como en todo el pensamiento de Valente, más que como impedimento, como culminación del recorrido e invitación a la trascendencia. Meta dable y alcanzable únicamente en la creación artística y en la experiencia estética mediante la escucha y el silencio, el vacío y el espacio, en un ejercicio de contemplación sin tiempo, luminoso y simple.

En esta tríada, en estos tres hitos, quedan definidos los lugares en que, para Valente, sería necesario detenerse y avituallarse en el camino destinado a encontrar esa perdida unidad expresiva de las artes y rica subjetividad creadora que no se diluye en el solipsismo, sino que sabe conquistar a la colectividad de la experiencia. Por todo ello y por su proximidad al gesto caligráfico, a la sencillez, a la luz, nos gustaría lanzar al aire del espíritu una pregunta a nuestro escritor: ¿qué decir sobre Fernando Zóbel? Curiosidad irresoluble, cierto, pero, muy probablemente justificada evocación aquí la de este artista caligráfico y limítrofe también en su ir y venir entre el rigor y lo sublime, la transparencia luminosa y la preocupación por la materia.

Y, para reposar este intenso recorrido, podríamos detenernos en un último pensamiento de nuestro escritor, en una última definición de Valente para la misión de Arte, que esperamos que pueda ser invitación, junto a lo expuesto aquí sobre su estética, a una reflexión personal sobre nuestra relación con las artes. Condensa todo lo presentado hasta estas líneas, pone en juego al ser humano en su completud y otorga al arte, o mejor, le reconoce, su estatus ontológico. El ser del arte, de la creación, de la contemplación es, en definitiva, el ser acontecimiento creador del espacio propicio para el encuentro con el otro y con uno mismo, en el silencio, el vacío, la luz, en el límite entre lo pronunciable y lo inefable, la materia y el ser, la palabra y el silencio. Una razón para el arte sustancialmente vivida y mostrada en la propia obra completa de José Ángel Valente:

"El arte no adorna o realza la vida, la define" (Valente, 2011: 173).

Bibliografía

Chillida, Eduardo (2003), *Elogio del horizonte. Conversaciones con Eduardo Chillida*, ed. Susana Chillida, Madrid, Destino.

Chillida, Eduardo (2016), *Escritos*, Madrid, La Fábrica.

Tàpies, Antonio (1971), *La práctica del arte*, Barcelona, Ariel.

Valente, José Ángel (2011), *Diario anónimo. 1959-2000*, ed. Andrés Sánchez Robayana, Barcelona, Galaxia Gutenberg.

Valente, José Ángel (2018), *El ángel de la creación. Diálogos y entrevistas*, ed. Andrés Sánchez Robayana, Barcelona, Galaxia Gutenberg.

Valente, José Ángel (2002), *Elogio del calígrafo. Ensayos sobre arte*, Barcelona, Galaxia Gutenberg.

Valente, José Ángel (1994), *Las palabras de la tribu*, Barcelona, Tusquets.

Valente, José Ángel (1991), *Variaciones sobre el pájaro y la red precedido de La piedra y el centro*, Barcelona, Tusquets.

Valente, José Ángel y Gonzalo Suárez (2023), *El gato y el pájaro*, ed. Susana Chillida, Madrid, La Fábrica.

EL ARTE COMO TERAPIA EN *HACIA MALINALCO* DE ANGELINA MUÑIZ-HUBERMAN[*]

EDUARDO TASIS MORATINOS
Escuela Universitaria de Magisterio Fray Luis de León
(Universidad Católica de Ávila)

INTRODUCCIÓN

En *On Becoming a Person* (1971), Carl Rogers, padre junto a Abraham Maslow del enfoque humanista en psicología, expone los fundamentos de su enfoque terapéutico para una psicoterapia centrada en la persona. En esta obra, Rogers argumenta que todo individuo tiene una tendencia natural hacia el crecimiento, la autorrealización y el desarrollo de su potencial, lo que llama "tendencia actualizante". Dentro de este contexto, Rogers, defiende que el arte, como medio idóneo para la autoexploración, expresión auténtica y crecimiento personal, juega un papel central en dicha tendencia. Para Rogers el proceso creativo y el proceso terapéutico son dos procesos análogos que concuerdan en su capacidad para abrirse a la experiencia, dejar que las emociones e ideas fluyan libremente y confiar en los propios procesos internos que descubran algo sobre uno mismo y contribuyan al crecimiento personal. La creatividad artística, como medio ideal de autoexpresión auténtica, se convierte así en sinónimo de salud psicológica. Desde este enfoque humanista, arte y psicología son, por lo tanto, herramientas análogas que impulsan el desarrollo personal y el autoconocimiento.

[*] Este trabajo se enmarca en el proyecto de investigación *La historia de la literatura española: exilio republicano de 1939 e interior* (PID2020-115252GB-I00), financiado por el Ministerio de Ciencia e Innovación.

Ya en 1946, Viktor Emil Frankl, padre de la logoterapia y del análisis existencial deja entrever ciertas claves sobre el papel terapéutico del arte en su obra *El hombre en busca de sentido*. Aunque es cierto que no aborda directamente el papel del arte como terapia, sí que alude al arte y a la belleza como recursos psicológicos y espirituales profundamente terapéuticos y útiles para sobrevivir en condiciones extremas, como la de los campos de concentración nazis a los que él mismo tuvo que enfrentarse. Desde un enfoque existencial y humanista, Frankl destaca el papel terapéutico implícito del arte como resistencia espiritual ante el sufrimiento, lo que permite reconstruir un sentido y propósito vital desde la experiencia estética, ya sea como evasión o como recuerdo de unos ideales o valores espirituales más altos (amor, belleza…).

Tanto Rogers como Frankl promueven la creación artística como vía de autenticidad, sentido de la vida y búsqueda de significación en contextos de enfermedad o sufrimiento. Para ambos el arte es un medio de empoderamiento a través del cual el paciente se convierte en creador de su propia narrativa vital. El presente capítulo parte desde esta perspectiva humanista y existencial del arte para analizar el papel terapéutico que el arte pictórico juega en la novela *Hacia Malinalco* (2014) de Angelina Muñiz-Huberman, donde la creación se manifiesta como medio de búsqueda de un sentido vital ante dos experiencias traumáticas que marcaron la vida de la autora: el exilio y la enfermedad.

1. El arte como terapia en *Hacia Malinalco*[1]

La madre de Angelina Muñiz-Huberman cruza la frontera entre España y Francia tras el estallido de la guerra civil en 1936. En su vientre lleva a su hija, quien nacerá el 29 de diciembre de ese mismo año en Hyères, Francia. Muñiz-Huberman forma parte de la generación hispanomexicana, también conocida como la segunda generación del exilio republicano en México. Aquí nos encontramos con autores nacidos en España y exiliados a una edad temprana. Para Eduardo Mateo Gambarte (1996), pionero en los estudios

---

[1] Este capítulo parte de un análisis centrado en la presencia del exilio en esta misma novela. Dicho análisis se recoge en el siguiente artículo: "Hacia Malinalco: claves del exilio en la obra de Angelina Muñiz-Huberman", *Laberintos: revista de estudios sobre los exilios culturales españoles* (Tasis Moratinos, 2015). Aunque el enfoque será distinto, el presente capítulo hará uso de algunas partes del análisis en dicho artículo, conformándose como continuación y complemento de este.

de este grupo, el límite estaría en el bachillerato. Siguiendo esta referencia entrarían todos aquellos que habían salido de España antes de terminarlo.[2]

La expulsión a una edad temprana, Angelina ni siguiera había nacido, hará del exilio de esta generación una experiencia particular y diferenciada de la vivida por sus padres. Su exilio no es un exilio al uso, si es que existe tal cosa, es un exilio de segunda mano, un exilio prestado, incluso impuesto, heredado: "Ser hija de exiliados te exilia de peor manera. O te vuelves hipócrita o te niegas. Viví de la gloria de mis padres. Pero yo, ¿qué hice? Nada. Sólo heredé y transmití" (Muñiz-Huberman, 2014: 108). Su exilio, por lo tanto, está marcado por la escasez de referentes propios. Véase el poema de Enrique de Rivas (1969) titulado y dedicado "A la catedral de León", cuyo subtítulo, "Sólo vista en fotografía", deja claro la ausencia de recuerdo que les tocó vivir. A pesar de ello, la esperanza que los mayores tenían en un retorno inmediato, cuando Franco cayera en manos de las fuerzas aliadas, imponía en los más jóvenes la tarea sagrada de mantener vivo el espíritu de una España que ni siquiera habían conocido. Las historias paternas y las de los clásicos españoles, lo que aprenden en casa y en los colegios, lo que escuchan en los cafés... se convertirán en herramientas para crear un clima de nostalgia en el que educar a los más jóvenes. Ello terminará por abocarlos a una tierra de nadie, a caballo entre lo mexicano y lo español, entre lo impuesto por los padres y el lugar de acogida. La protagonista de nuestra novela, Galatea, será una nítida encarnación de esta condición:

> Galatea continúa con su labor de introspección. Quisiera aclarar o entender su vida, su alma. Lo que más le duele y la marca indeleble es la condición de exiliada. Ahí se esconde una serpiente circular, el uróboros o el cóatl. Y ese es el centro de su alma. Se da cuenta que es un ser mixto, uróboros y cóatl, que difícilmente podrá alcanzar la pureza. De su realidad mixta, lo hispano y lo mexicano, que, a su vez, proviene de muchas mixturas (lo hí-

---

[2] Mateo Gamberte (1996) incluye los siguientes nombres: Ramón Xirau, Roberto López Albo y Tere Medina (1924); Carlos Blanco Aguinaga, Manuel Durán, Nuria Parés y Roberto Ruiz (1925); Francisco González Aramburu y Juan Espinasa (1926); Víctor Rico Galán, [Tomás Segovia y Jomí García Ascot] (1927); Pedro F. Miret (1932); Inocencio Burgos, Luis Rius, César Rodríguez Chicharro y Arturo Souto (1930); José Pascual Buxó y Enrique de Rivas (1931); Maruxa Vilalta y José Ribera (1932); Juan Alameda (Gerardo Deniz), Francisca Perujo y José de la Colina (1934); Angelina Muñiz Huberman (1936); Federico Patán (1937); y Edmundo Domínguez Aragonés (1939).

brido español y lo híbrido mexicano), imposible la elección por eliminación (Muñiz-Huberman, 2014: 154).[3]

Arturo Souto Alabarce (1981) apodó a la generación como nepantla, término proveniente del idioma náhuatl que significa "en medio", en tierra de nadie. Este estado liminal terminará por imponer el sentimiento de desarraigo como sello de identidad, como veremos reflejado de nuevo en la protagonista de la novela: "La pérdida de España en su infancia fue también la pérdida de México. Nunca pudo suplantar un país por otro. Tampoco pudo escoger y dejó que corriera el tiempo instalada en la ambigüedad" (Muñiz-Huberman, 2014: 150). Muñiz-Huberman dedica gran parte de su obra a reflexionar sobre el exilio, pero no necesariamente el exilio como episodio vital, sino como marca indeleble del ser humano. Para Federico Patán (1982), *Vilano al viento* (1982), el primer libro de poemas de Angelina Muñiz-Huberman, presenta la introspección de quien descubre en su exilio el desarraigo como sello existencial del ser humano: "Angelina habla de la Guerra Civil y del éxodo republicano […] Habla de eso pero, en sí hablando, habla de algo mucho más profundo. Habla, me atrevo a afirmar, del ser humano como símbolo del desarraigo, como constante prisionero de los caminos y del tiempo, como errante buscador de él mismo" (Patán, 1989: 38). Esta transfiguración del exilio va a impulsar en su obra una introspección y una búsqueda de sentido vital que ordenarán la novela.

Al exilio también hay que sumar la enfermedad, la cual terminará por fusionarse con la experiencia exílica. *Hacia Malinalco* presenta la historia de Galatea tras ser diagnosticada con una enfermedad terminal: "Las palabras

---

[3] El intermedio caracteriza su identidad. En México los veían como españoles, pero en España nadie los conocía; ni si quiera ellos conocían España. Hasta su forma de hablar los delataba tanto para unos como para otros: "Lo peor fue cuando con el paso del tiempo descubrió que tampoco existía como persona en España y que era tan extraña como lo era en México. Ahí le decían «la mexicana»" (Muñiz Huberman, 2014: 171).
Al hilo de esta cita, Muñiz-Huberman me comentaba en una conversación por videoconferencia este mismo año dos anécdotas significativas al respecto. En su primer año como estudiante de filología en la Universidad Nacional Autónoma de México, su profesor de fonética le confirmó que pronunciaba la ce española, pero también la ese mexicana. Hoy en día sigue siendo así. Por otro lado, en una reunión familiar que tuvo lugar en Francia, donde se juntaron miembros de la familia que se habían exiliado a otras partes del mundo, como Brasil, Argentina o la propia Francia, a Muñiz-Huberman le causó mucha impresión escuchar a sus primos referirse a ella como la mexicana cuando ella misma no se consideraba como tal.

amenazantes le habían predicho una muerte certera. Una muerte próxima"
(Muñiz-Huberman, 2014: 12).[4] Dicha experiencia es autobiográfica. A principios de los ochenta, a la autora le diagnostican "simplemente y sencilla-
mente una enfermedad llamada esclerosis sistémica progresiva" (Muñiz-Huberman, 2014: 40). Es una enfermedad autoinmune, crónica y progresiva
que afecta principalmente a la piel, vasos sanguíneos y órganos internos. Se
caracteriza por una acumulación anormal de tejido conectivo (fibrosis) y al-
teraciones vasculares. Puede causar afecciones cutáneas, gastrointestinales,
pulmonares, cardiacas, musculares y articulares entre otras. Es una enfermedad terminal. Ante tal experiencia traumática, el cuestionamiento existencial
que ya había sido impulsado por la condición exílica se refuerza aún más por
la amenaza de una muerte próxima.

En la novela, exilio y enfermedad se suman, se complementan y ter-
minan por fusionarse en una misma experiencia traumática, hasta el punto
de, como afirma la propia Muñiz-Huberman, enfrentar "la enfermedad como
exilio" (en Pau, 2014), como otra forma de desarraigo. La enfermedad se
presenta como metáfora del exilio desde una vertiente doble: por un lado, el
exilio del cuerpo, quien la padece se siente separado de su entorno físico; por
otro, como desplazamiento existencial, pues no solo afecta al cuerpo, sino
que anula la continuidad de la identidad y genera un sentimiento de pérdida
de pertenencia.[5] En *Hacia Malinalco* somos testigos de ello. El eje de la
novela es un cuestionamiento existencial que parte de estas dos experiencias
y que utiliza el arte como herramienta para abordarlas. Exilio y enfermedad
son impulso de una búsqueda de sentido en la que el arte jugará un papel

---

[4] Los personajes de la novela están inspirados en el mito griego y el poema de Góngora "Fábula
de Galatea y Polifemo": "Después de todo, Galatea provenía de un mito y de una fábula barroca"
(Muñiz Huberman, 2014: 100). Según el mito, Polifemo, hijo de Poseidón, era un cíclope que vivía
en la isla de Sicilia pastoreando ovejas. Al ver a Galatea, una nereida conocida por su belleza y su
blancura se enamora de ella. Sin embargo, Galatea está, a su vez, enamorada de Acis, un pastor
siciliano de gran belleza. Cuando Polifemo los ve juntos, los celos le llevan a lanzar una roca sobre
Acis acabando con su vida. Galatea, desconsolada, convierte la sangre de Acis en un río, nombre
del actual río siciliano. En *Hacia Malinalco*, Polifemo va a simbolizar la muerte, la enfermedad,
la constante amenaza que la aleja de la vida, y Acis va a simbolizar el amor como fuerza vital que
separa de la muerte y acerca a la vida.

[5] Susan Sontag, en *Illness as Metaphor* (1978), examina cómo las enfermedades han sido carga-
das de significados simbólicos a través de la historia. Por ejemplo, la tuberculosis en el siglo XIX
fue idealizada como una enfermedad romántica asociada al arte, la espiritualidad y la pasión, o
el cáncer en el siglo XIX fue visto como una enfermedad castigo por una represión emocional.

actualizante, como señalaba Rogers, y evasivo y estético, como destacaba Frankl. Como intentaré demostrar a lo largo de estas páginas, la pintura se revelará en la novela como evasión ante el sufrimiento y como ejercicio introspectivo que permita recobrar un sentido ante la existencia amenazada.

En *Art as Therapy with Children* (1971), Edith Kramer, pintora y otra de las pioneras del arte como terapia, se suma a Frankl desarrollando un enfoque distintivo ya dentro del campo de la arteterapia que se basa en la acción artística como una forma directa de sanación. Desde una perspectiva influida por el psicoanálisis freudiano y el arte como forma de sublimación, Kramer sostiene que el acto de crear arte ayuda al individuo a canalizar impulsos de manera constructiva. Para ella, el arte permite la sublimación emocional mediante la transformación de tensiones internas en una forma productiva.[6] *Hacia Malinalco* recorrerá este mismo camino.

Tras el diagnóstico, Galatea regresa a casa y comienza a pintar un tríptico. Tiene prisa para hacerlo antes de que la enfermedad la paralice: "Piensa en lo que significa su enfermedad. La pérdida de la movilidad. El proceso severo, rígido. Y no salir a la calle. El bastón y las muletas. Luego la silla de ruedas" (Muñiz-Huberman, 2014: 21). A lo largo de la novela la voz narrativa describe el proceso de creación pictórica junto con las reflexiones sobre las progresivas limitaciones del cuerpo para poder llevar a cabo dicha tarea. Galatea recuerda la figura del pintor alemán nacido en Suiza: Paul Klee. Klee padeció esclerosis sistémica progresiva y fue perdiendo el uso de sus manos hasta tener que pintar con el pincel atado a ellas: "Galatea retoma el pincel y lo coloca entre los dedos. Recuerda cómo Paul Klee, que también padeció y murió de su misma enfermedad, pintó hasta el momento de su muerte y se amarraba el pincel cuando la mano ya no podía sostenerlo" (Muñiz-Huberman, 2014: 56).[7] Galatea, teme que le suceda lo mismo y siente que no tiene tiempo que perder:

---

[6] Un ejemplo de cómo llevarlo a la práctica sería la labor que realizaron las cuidadoras de los niños judíos encerrados en el campo de concentración de Terezín antes de que su inmensa mayoría fueran asesinados. El libro recopila una serie de dibujos y poemas realizados por los niños entre 1942 y 1944 y es un claro ejemplo del uso del arte como terapia evasiva ante situaciones de extrema violencia, como proponen Kramer y Frankl.

[7] No es la única referencia a Paul Klee en su obra. Véase, por ejemplo, su poema titulado "Hyéres", en el que reflexiona sobre su nacimiento y la propia existencia, y en el que menciona a Klee y el hecho de que ambos sufrieron la misma enfermedad y estuvieron en Hyéres: "Paul Klee que padeció mi enfermedad —la del alma y la del cuerpo— estuvo allí días pintando" (Muñiz-Huberman, 1982: 30).

Galatea ensaya los trazos en el cuaderno. Suelta la mano para que se libre en las líneas en el momento de ser dibujadas. Que no termine el movimiento. Que no llegue el fin. Dibuja sin tener una idea preconcebida. Lo que salga por la voluntad de los músculos que algún día cesarán de funcionar. *Carpe diem* (Muñiz-Huberman, 2014: 16).[8]

El libro se divide en tres partes que corresponden con las tres partes del tríptico en el que Galatea está trabajando. Las tres secciones a su vez enlazan con un motivo tan recurrente en su obra como es la mística, pues cada parte del tríptico y de la novela se corresponde con las tres vías místicas: la purgativa, la iluminativa y la unitiva.[9] Ahora bien, no se trata de un ejercicio religioso sino espiritual, es "un misticismo sin Dios" (2014: 94). A Galatea le llevará una semana pintar cada parte del tríptico, por lo que tardará una semana en completar cada una de las vías místicas. La primera semana corresponde con la vía purgativa y el primer cuadro del tríptico, la segunda con la vía iluminativa y el segundo cuadro y la tercera con la vía unitiva y el último cuadro. Arte y mística van a servir, por lo tanto, como medio de introspección para reflejar la experiencia espiritual de un personaje que ha visto amenazada su existencia ante experiencias traumáticas.

Para comprender el sentido profundo de la existencia en mística "lo primero es llegar al centro del alma" para, después, poder "salir en busca de la verdad" (Muñiz-Huberman, 2014: 14). Llegar al centro del alma implica purgarse. De eso consta la primera de las vías. La vía purgativa busca desprenderse de todo aquello que proviene de los sentidos y que obstaculiza el acceso a lo esencial. Se trata de un proceso en el que la conciencia debe enfocarse en lo primordial, desechando todo aquello que perturba o desvía. La voz narradora lo sintetiza con claridad: hay que "centrarse en la idea primordial: desechar los estorbos" (Muñiz-Huberman, 2014: 26). Entre estos estorbos aparece la memoria, o la falta de esta, que jugará un papel importante en la construcción del personaje.

---

[8] La voz narrativa también hará referencia a Frida Kahlo, marcada también por la limitación corporal tras un accidente, al recoger una cita suya que refleja muy bien la libertad que la protagonista encuentra en la pintura ante sus limitaciones físicas: "pies para qué los quiero si tengo alas para volar" (Muñiz-Huberman, 2014: 24).

[9] Por ejemplo, su primera novela, *Morada interior* (1972), escrita en primera persona, narra el proceso interno de una mística que podría identificarse con santa Teresa de Ávila. Aquí la mística desempeña un papel central y multifacético, que enlaza profundamente con la identidad, la memoria y la experiencia espiritual del personaje principal.

Abordar su historia a través un personaje pseudoficticio le permite salirse del yo para poder salvar la ausencia de recuerdos propios y poder así narrar con fluidez. No tener que contar su propia historia, llena de huecos, en primera persona le da la libertad necesaria para que la novela fluya. Esta liberación conforma un género propio que denomina como *seudomemorias* y en el que se enmarca *Hacia Malinalco*. Las *seudomemorias* le permiten hacer suyos recuerdos ajenos e incluso imaginados que se mezclan con los propios sin tener que preocuparse por ser fiel a los recuerdos, lo que constituía un problema, ya que la influencia paterna hacía difícil la tarea de saber qué recuerdos son suyos y cuáles no lo son. En conversación con la autora, me comentaba que muchas veces discutía con sus padres distintas versiones de los mismos hechos sin llegar a saber muy bien a quién le había sucedido lo recordado, si lo que recordaba era un recuerdo propio o algo que le habían contado sus padres. Que no importe de dónde venga el recuerdo, si es propio, prestado o inventado, libera la narración y permite que la memoria de Galatea fluya. Así, Galatea podrá enfrentarse al recuerdo para después purificarlo.

A este proceso de purificación se le suman los desapegos corporales, que para Galatea no son simplemente renuncias voluntarias, sino desapegos acelerados por la experiencia de la enfermedad. El sufrimiento físico, paradójicamente, se convierte en un catalizador que acerca el propósito interior. La voz narrativa lo expresa con lucidez: "Si estoy buscando la concentración en lo esencial y el centro del alma, que el cuerpo ya no sea el centro me ayuda. Elimino obstáculos para mejor hallar la vía purgativa" (Muñiz-Huberman, 2014: 53). El desprendimiento sensorial, emocional y corporal permitirá que Galatea comience a reconstruir su historia y recuperar un sentido auténtico de sí misma:

> ¿Cómo recobrar su historia en unas cuantas semanas?
> ¿Cómo contarla de nuevo?
> Sabiendo que esta vez llega al fin.
> Por lo pronto, poniéndose cualquier ropa: la envoltura es lo de menos (Muñiz-Huberman, 2014: 27).

Como destacaba en mi artículo de 2015, en el transcurso de su búsqueda de un sentido profundo de la existencia, Galatea recorre los grandes temas que estructuran toda la obra literaria de la autora. El hecho de que empezara a escribir *Hacia Malinalco* en 1982 y pudiera reescribirla hasta su publicación en 2014, hace de la obra una oportunidad única para ver condensada en un mismo libro la evolución de su obra literaria y los temas centrales de la misma. La obra no es solo un relato, sino un proceso de comprensión vital, una introspección que articula y resignifica conceptos como el amor, la muerte, el origen, la memoria y el tiempo. Estos elementos no aparecen como temas aislados, sino como partes integradas de una experiencia espiritual y filosófica presente a lo largo de su obra literaria en la que el yo intenta descifrarse a sí mismo.

Inicialmente, el "origen" aparece representado como un punto de partida perdido y profundamente anhelado, una suerte de paraíso primigenio cuya recuperación parece ser la clave del sentido. La muerte, entonces, se interpreta como el regreso natural a ese origen esencial, mientras que el tiempo, con su flujo constante y lineal, se convierte en el gran adversario, un devenir que fragmenta, aleja y desdibuja la memoria de ese estado original de plenitud. Frente a esta realidad, la memoria aparece como el instrumento privilegiado que permite tender puentes entre pasado y presente, con la esperanza de reconstruir, o al menos vislumbrar, ese tiempo detenido y absoluto que se asocia con el origen.

Sin embargo, a medida que avanza en su camino introspectivo, se descubre una verdad más compleja y menos idealizada: la búsqueda del origen, la resistencia contra el tiempo, el deseo de la muerte como retorno, y la acumulación de recuerdos como estrategia de reconstrucción, son en el fondo luchas condenadas al fracaso. Son esfuerzos ilusorios que, lejos de acercarla al sentido, la mantienen atrapada en la ilusión de control y en la ansiedad del hallazgo. Es entonces cuando se revela una nueva comprensión: el sentido no puede ser objeto de conquista racional ni de una búsqueda metódica. No se alcanza mediante el esfuerzo voluntarista ni la acumulación simbólica. El sentido, más bien, es algo que se manifiesta como revelación, algo que se recibe en un estado de apertura y disposición, pero que no se fabrica u obtiene a través del intelecto. Por lo tanto, para acceder a ese estado receptivo, es necesario purgarse también de los deseos de dominio, de las búsquedas inútiles, de las obsesiones con el origen perdido. Solo vaciándose de estas cargas puede abrirse el espacio interior en el que algo nuevo —auténtico y esencial— pueda emerger.

En este punto, el amor y el arte se revelan como caminos legítimos hacia ese estado de gracia. El amor, entendido no como pasión efímera sino como fuerza unificadora, tiene la capacidad de integrar lo disperso, de reconciliar lo fragmentado, de conducir hacia una experiencia totalizante de la existencia. El arte, por su parte, ofrece un canal privilegiado para la concentración espiritual. Es en el proceso creativo donde la conciencia se depura de toda distracción, donde se apagan las voces del ego y se da paso a la intuición pura. Galatea encontrará en la creación pictórica no solo una forma de expresión, sino el verdadero camino hacia el centro de su alma. Pintar se convierte en un acto de trascendencia, en una vía purgativa y reveladora, mediante la cual se prepara para recibir aquello que no puede buscarse, pero que llega cuando el alma está preparada:

> Como si su vida se hubiese detenido en una paz atemporal y ya no tuviera principio ni fin. Un éxtasis creador la invadía y su mano encontraba el trazo esperado, el que fluía sin ser detenido por su mente ni por ninguna fuerza racional. [...] Y esa era la paz esperada, la cita no convocada en el espacio de lo sagrado. El lugar preciso al que converger, en el momento exacto, la representación del arte. El centro del alma (Muñiz-Huberman, 2014: 50).

En su primer cuadro pinta una playa con su mar y su cielo evitando las líneas divisorias y haciendo que el color sea lo único que separe los tres elementos, tierra, agua y aire: "Mar, cielo y playa. Un lienzo dividido en tres franjas horizontales donde sólo el color indique el cambio de elemento, pero con predominio del mar" (Muñiz-Huberman, 2014: 70). A lo largo de las siguientes vías, el cielo irá descendiendo y el blanco irá borrando aún más las fronteras para terminar invadiendo el lienzo como símbolo de la iluminación y la unión a la que se aspira. Por el momento, lo que Galatea logra en esta vía es purgarse de toda distracción, y ello lo logra entregándose al quehacer pictórico liberado de la razón, a una pintura, como proponían Rogers y Kramer, en la que el pincel fluya libremente sin el freno del raciocinio:

> Galatea sacude las asociaciones. Aquello que la separa de su pintura ya no le interesa. Quiere pintar exclusivamente: sin ideas, sin análisis, con la sola sensación de pintar. Dejar correr el pincel sobre la tela y que aparezca lo que tiene que aparecer. Si pudiera dejar de analizar: apartar el raciocinio (Muñiz-Huberman, 2014: 51).

Margaret Naumburg, en su obra *Studies of the "Free" Art Expression of Behavior Problem Children and Adolescents as a Means of Diagnosis and Therapy* (1950), se basa en los conceptos clave del psicoanálisis de Freud y Jung, como el inconsciente, la represión y la interpretación simbólica, para argumentar que el arte libre tiene una capacidad reveladora similar a la de los sueños. El enfoque de Naumburg se centra en que las imágenes creadas por los pacientes funcionan como una forma de lenguaje simbólico, lo que facilita el acceso a emociones reprimidas y traumas del subconsciente que pueden guiar el proceso de curación. Por ello, en la siguiente etapa, Galatea sentirá que ante la revelación brotan recuerdos reprimidos, como el suicidio de su madre:

> Galatea siente que se acerca el momento de la iluminación. Una iluminación cercana al mundo místico. [...] Galatea recuerda a su madre vestida de blanco el día de su muerte, cuando tenía seis años. [...] El almohadón descansaba en su sien: a través de él apuntó y apretó el gatillo. El blanco almohadón atrapó el sonido y nadie lo oyó, mientras iba tiñéndose de rojo (Muñiz-Huberman, 2014: 123-124).

La revelación aparece en la siguiente etapa, la vía iluminativa, que en mística es la elevación del entendimiento hacia Dios. Tras haber eliminado toda distracción, la vía iluminativa abre paso, como la propia voz narrativa nos indica, a la revelación de la verdad: "cuando está entrando en la vía iluminativa [...] Es la verdad que se aparece" (Muñiz-Huberman, 2014: 82). Ahora se trata de elevar el entendimiento hacia esa revelación, por lo que Galatea ha de prepararse para poder asimilarla:

> Ha logrado, además, la rápida inmersión en el centro del alma, sea lo que sea el alma, pero ahí se ha detenido. La confusión de lo contemplado le impide, aún, escoger el camino que le lleve hacia la luz. Tendrá ahora que concentrarse en esa luz que ilumina todo lo demás (Muñiz-Huberman, 2014: 94).

El primer paso para prepararse ante la revelación está en saber esperarla. El sentido revelado en la vía iluminativa es fruto de una espera atenta y no resultado de un procedimiento lógico. La voz narrativa lo expresa con claridad: "no importa la razón ni la lógica, hay otras maneras de conocimiento. Ese conocimiento que va deslizándose sin esfuerzo muy dentro de ella" (Muñiz-Huberman, 2014: 95).

El sentido en el arte se puede entender desde una perspectiva similar. Ramón Gaya, pintor y ensayista exiliado en México, quien ejerció una gran influencia en autores de la segunda generación como Tomás Segovia, también afirmaba que la revelación del sentido no puede ser forzada, sino que el sentido es "algo, en fin, que sin saber qué, por qué ni cómo, nos corta radicalmente el paso" (Gaya, 1994: 15). Entendido de esta forma el sentido no puede ser fruto de un proceso sistemático del pensamiento. El arte no juega con las reglas de la razón. No es pensamiento estructurado que busca destripar el funcionamiento del sentido, sino ejercicio de fidelidad a lo revelado para terminar convirtiéndose en revelación misma. Un cuadro, un poema no son explicación del sentido, sino un portal hacia el mismo, un dedo que señala, que avisa, que nos recuerda que el sentido está ahí para escucharlo. María Zambrano, filósofa exiliada en México, entre muchos otros países, y quien también ejerciera una influencia notable en los autores de la generación de Muñiz-Huberman,[10] diferencia el filósofo del poeta desde esta misma clave:

> Y el poeta es fiel a lo que ya tiene. No se encuentra en déficit como el filósofo, sino, en exceso, cargado, con una carga, es cierto, que no comprende. Por eso, la tiene que expresar, por eso tiene que hablar "sin saber lo que dice", según le reprochan. Y su gloria está en no saberlo, porque con ello, se revela que es muy superior a un entendimiento humano la palabra que de su boca sale (Zambrano, 2015: 709-710).

Para Gaya esto es lo que diferencia al artista, su capacidad para hacer caso a la llamada de lo revelado, pues "la verdad es que esa voz suena para todos, y lo que pide, porque viene a pedir, a exigir, nos lo pide a todos" (Gaya, 2010: 935). Es solo el artista quién además de escuchar intenta darle voz: "escuchar esa voz originaria, antigua, perenne, sustancial, esencial, y obedecer a ella, es lo propio del creador" (Gaya, 1994: 15). El propósito no es entenderlo, sino entregarse a la revelación, fundirse con ella, para que el arte sea revelación misma. No es de extrañar, por lo tanto, que Galatea también elija el arte pictórico como la mejor forma de recoger el sentido revelado a través de la vía iluminativa. En su periplo interior hacia el sentido, el lienzo se revela como medio idóneo para recoger la revelación, que como indicábamos con anterioridad, aparecerá simbolizada en el predomino del blanco que poco a poco va haciéndose con el lienzo.

---

[10] La misma Muñiz-Huberman, en *El siglo del desencanto* (2002), explora cómo Zambrano encarna la dualidad del exilio como experiencia geográfica y espiritual, al abordar su proceso vital a raíz de la Guerra Civil Española como poética del desplazamiento interior, lo que, como venimos señalando, marcará enormemente la obra de la propia Muñiz-Huberman.

En su segundo cuadro, el blanco predomina ante los ocres de su primer cuadro. Además, si el primer cuadro representaba un mar, un cielo y una playa en este orden, el segundo comenzará con el cielo, pues el blanco del cielo quitará el protagonismo a los ocres del mar y de la playa:

> Galatea se prepara para su segundo cuadro [...] Se queda quieta. Su vista se posa en el primer cuadro: mar-cielo-playa: muchos ocres y pocos blancos. Más mar que cielo y playa. Vuelve a ver la tela en blanco. Lo sabe. Ahora mismo lo sabe: el segundo cuadro será cielo-mar-playa. Menos ocres y más blancos (Muñiz-Huberman, 2014: 100).

El blanco va tomando el lienzo, el cielo se expande y se van borrando las fronteras de las formas. Es un blanco que quiere abarcar todos los colores, que se dirige hacia un todo. Es un blanco que simboliza la iluminación de la revelación, propósito del segundo cuadro:

> De pronto el pincel se detiene. Ha llegado a una pausa. Galatea necesita contemplar lo hecho. Deposita al lado un pincel. Repasa con los ojos las líneas y los trazos. El horizonte del cielo ha descendido su margen. El mar es menos y menos es la playa. El blanco pintado domina y empieza a hacerse presente, a ganar la batalla. Capa sobre capa, su distinto grosor, sus relieves y altibajos van marcando sombras y luces. Es un blanco que a veces parece azul y a veces gris, a veces granate y a veces marfil. Es un blanco que puede parecer negro. Un blanco prismático. La suma de todos los colores. Revelación (Muñiz-Huberman, 2014: 101).

Como destacábamos al hablar de los temas centrales de la obra literaria de Angelina, el sentido revelado por la vía iluminativa será la aceptación de la vida misma como lugar de pertenencia. Dicha revelación le permitirá vencer su sentimiento de desarraigo impuesto por su experiencia exílica y avivado por su enfermedad e inmediación de la muerte. Sin embargo, ver el mundo como lugar al que pertenecer no basta, la revelación no es suficiente, hay que entregarse, fundirse con el mundo. No basta con entender, hay que sentir, y ello se logrará en la próxima vía: la vía unitiva.

La vía unitiva es la fase culminante del itinerario espiritual en el que el alma alcanza su unión con el sentido, un sentido que se encuentra en la aceptación del mundo como lugar legítimo de pertenencia y en el que el amor va a jugar un papel esencial, no como sentimiento pasajero, sino como fuerza ontológica desde la que labrar la recuperación de la unidad perdida por el desarraigo. María Zambrano, como explica Chantal Maillard, veía en la llamada amorosa una fuerza capaz de salvar la fragmentación del ser:

> El que se extraña ha sacado de sí la realidad, la de fuera y la suya propia, se ha vuelto extraño a ella y empieza a padecer su falta de unidad. Y es que la unidad perdida parece ser el factor determinante de esa falta de sentido que, antes que en el pensamiento, se manifiesta en las «entrañas», ese lugar, ese espacio que se abre como una herida y es definido por Zambrano como «llamada amorosa» (Maillard, 1992: 34).

Entendido así el amor se convierte en el vínculo que reconecta al sujeto con lo otro sanando la fractura provocada por el sentimiento de desarraigo existencial:

> Este era su dilema. El acto de fe. Que no puede ser explicado, analizado, sometido. Sentido sí. Experimentado. Creído. Mas, ¿cómo abandonarse a una experiencia que carece de retorno? ¿Cómo elegir una vía de una sola dirección? ¿Cómo entregarse a un fin en sí? La única respuesta que encuentra es el amor. Fue la respuesta de los místicos y es la suya. Por el amor entender la entrega. Amor tan difícil como la entrega. Entrega como acto de fe.
> Galatea se enfrenta a una comprobación: la del acto iluminado del amor. Si logra concentrarse en la luz el paso siguiente es conservarla encendida, como llama viva del amor. De eso se trata (Muñiz-Huberman, 2014: 139).

La vía unitiva busca consumar esta unión. En mística, sería la unión con la divinidad. Aquí, el objetivo es la plena entrega al constante devenir del ser, sin resistencia ni separación. La voz narrativa incide en ello:

> En su búsqueda del alma el camino ya ha sido desbrozado. Ha apartado lo vano y lo valioso. Pero aún duda entre la luz y la oscuridad. Avanza, pero sin llegar a la luz total, al conocimiento, a la entrega. […] Ya no debe resistir y dejar que la luz invada (Muñiz-Huberman, 2014: 139).

Como en las otras dos vías, el arte también juega aquí un papel importante como medio de realización. En la vía unitiva, el arte y el amor se darán la mano para lograr una unión cargada de sentido. Así, la pintura, más que medio de expresión, se transforma en herramienta de actualización del sentido —en el sentido que Carl Rogers atribuía a las experiencias que permiten acceder a una comprensión más plena del yo. Como afirma Galatea:

"Más fácil pintar que usar palabras. Pintar es un espejo. Las palabras son limitantes. Galatea quisiera terminar su tríptico, para entonces pintar la sonrisa de Acis. [...] Rescataría a Venus del exilio" (Muñiz-Huberman, 2014: 115). El espejo pictórico no reproduce la realidad, sino que la revela en su profundidad, permitiendo acceder a su unión con el "todo" del que cada cosa forma parte. Esta concepción de la imagen reflejada como portadora del sentido encuentra eco en la reflexión estética de Ortega y Gasset, para quien el sentido es:

> La forma suprema de su coexistencia con las demás [cosas], es su dimensión de profundidad. No, no me basta con tener la materialidad de una cosa, necesito, además, conocer 'el sentido' que tiene, es decir, la sombra mística que sobre ello vierte el resto del universo (Ortega y Gasset, 1966: 99).

La pintura misma se convierte en un acto de comunión, un lenguaje visual capaz de revelar la red de relaciones que constituyen el ser. El encuentro amoroso y el acto creador se manifiestan, por lo tanto, como formas de conocimiento revelador, vías hacia una unidad del ser, simbolizada aquí en la figura del bello pastor. Por eso Galatea afirma que "conocer a Acis fue conocer su arte" (Muñiz-Huberman, 2014: 126), y por ello lo que evoca es "La sonrisa de Acis. Eso es lo que evoca. La sonrisa. La luz del mundo" (Muñiz-Huberman, 2014: 115).

El último cuadro del tríptico que está pintando Galatea conseguirá representar esta unión llevando al final ese proceso de simplificación progresiva de su estilo pictórico que hemos señalado al analizar sus dos primeros cuadros. Las formas y colores de sus tres obras se van depurando, ("Debe concentrarse en la idea primordial: desechar los estorbos, la basura. Para ir a lo esencial: las líneas puras del dibujo" [Muñiz-Huberman, 2014: 26]), hasta llegar a una "nada" final simbolizada por la ocupación del blanco, que, paradójicamente, también simboliza el todo: "La pintura de Galatea, sus dos cuadros y el tercero en proceso, han simplificado ese conflicto en las líneas y colores más acendrados. Para llegar a una nada. Una nada profusamente habitada, con cabida para el todo" (Muñiz-Huberman, 2014: 154). Es en esta nada que lo es todo simbolizada por el dominio del blanco ("Galatea frente al cuadro último. Ha llegado el momento de terminarlo. El blanco invade a los blancos. La pincelada final se hunde en la gran nube, flota en el cielo que se abre, que perdona, que absuelve" [Muñiz-Huberman, 2014: 182]) donde ofrecer la unión:

> El centro del alma se le recela a Galatea. La luz revelada irradia de la blancura al amor que es el alma. Gradas y escalas en ascenso hacia el Ángel de la Muerte y la Gran Unión. La perfección alquímica se produce en el interior iluminado. La gran unión es irrepetible, impronunciable. Intrasferible (Muñiz-Huberman, 2014: 182).

Como resultado de este proceso de simplificación, el último cuadro del tríptico abraza el suprematismo. Si en el segundo cuadro el blanco ocupaba el lugar de los ocres y empezaba a extenderse por el lienzo, aquí se extiende hasta ocupar toda su superficie, llevando así al límite la simplificación de formas y colores. Muñiz-Huberman vuelve a inspirarse en la figura de Paul Klee y su *Angelus Novus* (1920) al que hace referencia en su relato titulado igual e incluido en *Arritmias* (2015). El cuadro de Klee se caracterizaba por la simplificación del trazo y el color, limitado a tonos blanco y ocre. No obstante, es *Blanco sobre Blanco*, obra pionera del suprematismo, de Kazimir Malevich (1918), la más clara influencia. El cuadro representa la culminación de su exploración en la abstracción geométrica, eliminando toda representación figurativa para centrarse en la pura esencia de la forma y el color. Lo mismo hace Galatea, quien encuentra en ese blanco, en esa "nada profusamente habitada" la imagen final del sentido revelado: un espacio de totalidad y apertura donde la dilución de la forma y el color representa la superación de las fronteras del yo, el lenguaje y el tiempo. Es allí, en la intersección del amor, el arte y la entrega, donde Galatea alcanza el sentido de su existencia.

CONCLUSIONES

Hacia Malinalco representa un viaje, el viaje hacia un sentido impulsado por el desarraigo del exilio y la enfermedad y plasmado en reflexiones pictóricas. El viaje es un viaje de ida y vuelta sin haber estado allí. De ahí el hacia del título, pues no es necesario llegar al otro lado, a Malinalco, para recobrar el sentido que radica en el propio ser que intrínsecamente pertenece a ese tránsito del hacia que es la vida misma. El título de la novela está inspirado en un viaje real a Malinalco que la autora hizo con su familia. La idea de ese viaje era visitar el Cerro de los Ídolos, donde se encuentra el Templo de los Guerreros Águila y Jaguar, lugar de iniciación para los guerreros aztecas. En la cultura azteca era un lugar de comunión entre el mundo humano y lo sagrado, y esa es la carga simbólica que adquiere Malinalco en la novela. La autora y su familia no llegaron nunca a Malinalco porque sufrieron un accidente de coche que casi les costó la vida, como la enfermedad. De ambos salió ilesa nuestra autora, de la primera porque a pesar de quedar colgados en el borde de un precipicio unos campesinos les salvaron, y de la segunda, pues resultó ser atípica a la esclerosis sistémica. Llegar a Malinalco no fue necesario, pues el sentido de la existencia no puede estar fuera de la misma. Es en el transito del hacia, en el desarraigo mismo de aquel que siempre está en tránsito, donde se revela el sentido, pues el transito es vida, y abandonarlo por lo sagrado significaría salirse de la vida misma que es a lo que hay que unirse.

La revelación unitiva del amor y el arte aparecen en la novela como vías suficientes para lograr y representar esa unión. La pintura se convierte en herramienta que le permite enfrentarse al exilio y la enfermedad y cumplir así su proceso *acualizante*. Por todo ello, podemos defender que *Hacia Malinalco* es un ejemplo de arteterapia humanística, del arte como vía de autenticidad, sentido de la vida y búsqueda de significado, un ejemplo de creación de una propia narrativa vital en contextos de enfermedad o sufrimiento.

BIBLIOGRAFÍA

FRANKL, Viktor Emil (2004 [1946]), *El hombre en busca de sentido*, Barcelona, Herder.

GAYA, Ramón (1994), *Obra completa*, tomo III, Valencia, Pre-Textos.

GAYA, Ramón (2010), *Obra completa*, Valencia, Pre-Textos.

KLEE, Paul (1920), *Angelus Novus* [pintura], Museo de Israel, Jerusalem.

KRAMER, Edith (1971), *Art as Therapy with Children*, Nueva York, Schocken Books.

MAILLARD, Chantal (1992), *La creación por la metáfora*, Barcelona, Anthropos.

MALEVICH, Kazimir (1918), *Blanco sobre blanco* [óleo sobre lienzo], Museo de Arte Moderno (MoMA), Nueva York.

MATEO GAMBARTE, Eduardo (1996), *Los niños de la guerra: Literatura del exilio español en México*, Lleida, Universitat de Lleida.

MUÑIZ-HUBERMAN, Angelina (1972), *Morada interior*, Ciudad de México, Editorial Joaquín Mortiz.

MUÑIZ-HUBERMAN, Angelina (1982), *Vilano al viento*, Cuidad de México, Universidad Nacional Autónoma de México.

MUÑIZ-HUBERMAN, Angelina (2002), *El siglo del desencanto*, México, Fondo de Cultura Económica.

MUÑIZ-HUBERMAN, Angelina (2014), *Hacia Malinalco*, Ciudad de México, Ediciones Sin Nombre.

Muñiz-Huberman, Angelina (2015), *Arritmias*, Ciudad de México, Bonilla Artigas Editores.

Naumburg, Margaret (1950), *Studies of the "Free" Art Expression of Behavior Problem Children and Adolescents as a Means of Diagnosis and Therapy*, Washington D.C., American Orthopsychiatric Association.

Ortega y Gasset, José (1966), *Meditaciones del Quijote*, Madrid, Revista de Occidente.

Patán, Federico (1989, 16 de agosto), "Del exilio en Angelina Muñiz", *La cultura en México* [suplemento de *Siempre*], p. 38.

Pau, Carlos (2014), "Hacia Malinalco aborda «la enfermedad como exilio» señala Muñiz-Huberman", en http://www.jornada.unam.mx/2014/08/11/cultura/a10n-1cul (fecha de consulta: 11/08/2015).

Rivas, Enrique de (1969), *Las catedrales*, México, Universidad Nacional Autónoma de México.

Rogers, Carl (1961), *On Becoming a Person: A Therapist's View of Psychotherapy*, Boston, Houghton Mifflin.

Sontag, Susan (1978), *Illness as Metaphor*, Nueva York, Farrar, Straus and Giroux.

Souto Alabarce, Arturo (1981), "Sobre una generación de poetas hispanomexicanos", *Diálogos: Artes, Letras, Ciencias Humanas*, 17 (2 (98)), pp. 4-7.

Tasis Moratinos, Eduardo (2015), "Hacia Malinalco: claves del exilio en la obra de Angelina Muñiz-Huberman", *Laberintos: revista de estudios sobre los exilios culturales españoles*, 17, pp. 390-401.

Volavková, Hana (ed.) (1993), *I never saw another butterfly: Children's drawings and poems from Terezín Concentration Camp, 1942-1944*, Nueva York, Schocken Books.

Zambrano, María (2015), *Obras completas I*, Barcelona, Galaxia Gutenberg.

III. FICCIONES ENMARCADAS: LA NOVELA GRÁFICA

DE LAS CALLES DE SALAMANCA A LAS CALLES DEL CÓMIC: DESAFÍOS Y OPORTUNIDADES DE LA ADAPTACIÓN INTERMEDIAL DEL *LAZARILLO DE TORMES*

Tilmann Altenberg
Cardiff University

Introducción

El interrogante de la relación entre la narrativa literaria y las artes visuales puede abarcarse desde una variedad de perspectivas y en relación a diferentes tipos de producción artística. Mi interés en el asunto gira en torno a la relación entre la literatura y el noveno arte, más específicamente, las adaptaciones de textos literarios al medio del cómic.[1] En principio, las adaptaciones pueden realizarse desde cualquier medio a cualquier otro o incluso ocurrir en el mismo medio, como es el caso de las adaptaciones de textos literarios para uso escolar. Sin embargo, las transposiciones mediáticas son una práctica cultural particularmente compleja. Esto se debe a que cada medio cuenta con recursos semióticos diferentes, sin que exista una correspondencia directa entre ellos.

Las adaptaciones literarias al cómic suelen basarse en novelas de cierto prestigio, generalmente de épocas anteriores, los llamados clásicos. Con excepción de los cómics mudos, es decir, aquella narrativa visual al margen del medio que carece de diálogo y otros tipos de texto, la relación entre texto e imagen es uno de los aspectos más intrigantes y debatidos del estudio de la narración gráfica. No es posible establecer de forma normativa la relación cuantitativa ni cualitativa entre los dos sistemas significativos que sustentan la gran mayoría de los cómics: palabras e imágenes. Hay cómics donde la

---

[1] En lo que sigue no distinguiré entre los términos *cómic* e *historieta*. Por otra parte, utilizaré la etiqueta de novela gráfica para referirme a un género relativamente reciente de cómic de formato largo, sin entrar en discusiones acerca de la pertinencia del término. Para algunas evaluaciones críticas de este último asunto, véanse Baetens y Frey (2015: 1-2), Dunst (2023: 1-2), García (2015: "Preface to the American Edition" y "Chapter One") y Hatfield (2005: 5-6), entre otros.

función narrativa del texto predomina sobre la narrativa visual, al igual que existen cómics que demuestran lo contrario, sin que ambos por ello dejen de pertenecer al mismo medio. Pero no es la relación interna entre texto e imagen en la historieta la que más me interesa aquí.[2] Antes bien, en el ámbito de la adaptación se abre una segunda dimensión sobre el asunto: la de la relación entre el texto lingüístico adaptado y el texto verbo-icónico de la adaptación.

Durante décadas la discusión en torno a las adaptaciones de los clásicos de la literatura estuvo dominada por la noción de fidelidad al texto original (véase Johnson, 2017). Aunque, más recientemente, los estudios de adaptación han desarrollado una amplia gama de perspectivas complementarias sobre este fenómeno (véase, por ejemplo, Hutcheon y O'Flynn, 2013), en contextos educativos —donde las adaptaciones a menudo se consideran un atajo para acceder al texto adaptado—, la fidelidad sigue siendo el paradigma dominante. Pero, como nos recuerda Julie Sanders, "es en el mismo punto de la infidelidad o desviación que los actos más creativos de adaptación tienen lugar" (2006: 20).[3]

En este capítulo examinaré cómo la narración literaria del *Lazarillo de Tormes* —en adelante abreviado como *Lazarillo*— queda convertida en narración verbo-icónica en tres adaptaciones de la primera novela picaresca al cómic. Me enfocaré en los desafíos que tienen que afrontar quienes adaptan esta breve novela, así como en las oportunidades que se les ofrecen.

1. ADAPTAR: ¿POR QUÉ Y PARA QUIÉN?

Un motivo clave detrás de las adaptaciones literarias se relaciona con la percepción de que la lectura está en declive, hasta el punto de poner en peligro la supervivencia del patrimonio literario. Es importante señalar que esta idea no es reciente; antecede a la llegada de la televisión y otros medios audiovisuales, Internet y las plataformas digitales, cuyo contenido de transmisión —así va el argumento— amenaza con eclipsar la lectura de los clásicos de la literatura. Ya en 1941 se lanzó la serie "Classics Illustrated" en Estados

---

[2] Para una detallada revisión crítica de las propuestas teóricas sobre la relación texto-imagen en diferentes medios, véase el estudio fundamental de John A. Bateman (2014).

[3] El pasaje original reza: "it is at the very point of infidelity or departure that the most creative acts of adaptation take place". Todas las traducciones del inglés son mías.

Unidos con el objetivo de aprovechar el atractivo de los cómics para acercar a los jóvenes a los clásicos literarios (véase Jones Jr., 2011). La expectativa era que, una vez familiarizados con las grandes obras de la literatura universal a través de adaptaciones accesibles, los y las jóvenes leyeran las novelas originales. Irónicamente, en la época, los títulos de esta serie de cómics "literarios" aspirantes a la respetabilidad competían con otros géneros comiqueros, que se consideraban perjudiciales para la salud mental y emocional de sus jóvenes lectores.[4]

En España también surgieron, a lo largo del siglo XX, varias series de adaptaciones de clásicos literarios al cómic inspiradas en el modelo de "Classics Illustrated". Entre ellas destaca, por su prolífica producción, la serie "Joyas Literarias Juveniles" (1970-1983), que publicó un total de 269 adaptaciones literarias, superando en 100 títulos a "Classics Illustrated". La mayoría de estas adaptaciones se basaban en novelas de autores británicos, estadounidenses, franceses e italianos, con solo dos títulos adaptados de la literatura española.[5]

En las últimas décadas, ha crecido el número de adaptaciones literarias al cómic dirigidas a un público adulto y desvinculadas de cualquier serie. Estas adaptaciones, de extensión variada, suelen ser el resultado de proyectos individuales, realizados por un solo adaptador o un pequeño equipo con una visión artística compartida, de forma análoga al cine de autor. Libres de las restricciones narrativas y estilísticas impuestas por el formato de las series didácticas, no es raro que estas adaptaciones de autor, a falta de un mejor término, ofrezcan una mirada más fresca, e incluso subversiva, de las obras adaptadas.

2. Los desafíos de la adaptación

Quienes adaptan un texto literario al cómic se enfrentan a varios retos, entre ellos la reducción, la asignación de las voces del texto a los recursos del medio de destino y la elección del estilo para visualizar el escenario y los personajes. La aproximación a estos tres desafíos centrales no es una

---

[4] Para una discusión muy bien documentada de las campañas anticómic en Estados Unidos, véase la primera parte del estudio de Ignacio Fernández Sarasola (2019: 15-316).

[5] Son estos títulos el *Don Quijote* cervantino (núm. 98, 1974) y *Trafalgar*, de Benito Pérez Galdós (núm. 261, 1982).

mera decisión personal por parte del individuo o equipo responsable de la adaptación sino que se vincula con una serie de factores ajenos al quehacer artístico, entre ellos el formato de publicación y el público al que se dirige.

2. 1. La reducción

El primer desafío es la reducción del texto original. Mientras que en el caso del *Quijote* hay una desproporción marcada entre las más de mil páginas de la novela y la relativa brevedad de un cómic o una novela gráfica, no es así para el *Lazarillo*, cuya extensión es mucho menor. Según el conteo de palabras hecho por David Frye (2015), traductor de una versión inglesa reciente del *Lazarillo*, con 400.000 palabras el *Quijote* es veinte veces más largo que el *Lazarillo*, con tan solo 20.000 palabras, que equivale a unas 50 páginas impresas. De ahí que, en principio, el texto de esta novela picaresca quepa sin dificultad dentro de los límites de extensión convencionales de un cómic o una novela gráfica.

Supongamos por un momento que un adaptador o una adaptadora del *Lazarillo* produce un guion que preserva el texto completo de la delgada novela. Cualesquiera que sean los recursos visuales que se utilicen para complementar el texto literario, el resultado sería redundante, ya que el texto lo cuenta todo. Las imágenes serían visualizaciones de ciertos aspectos de la novela, pero no impulsarían ellas mismas la narración. En la forma más extrema, no habría integración alguna entre texto e imagen. En este caso hipotético, ¿podríamos siquiera hablar de una adaptación transmedial? Me parece que no, simplemente porque en lugar de transformación hay mera adición. Estaríamos ante un texto ilustrado, y es esto efectivamente lo que ocurre en el bien establecido medio de las ediciones ilustradas de textos literarios.

Esta breve digresión sirva como ilustración de que en el ámbito de las adaptaciones literarias que aspiran a ir más allá de una versión ilustrada, para ofrecer un grado de integración entre texto e imágenes, meterse con el texto adaptado es una condición *sine qua non*. En la mayoría de los casos, esto implica un proceso de reducción cuantitativa.[6] Según la extensión del texto de partida, semejante reducción es más o menos substancial, concretizándose

---

[6] En principio, existe también la posibilidad de amplificación, o sea, de añadir material original al texto adaptado. Aunque para las adaptaciones de textos clásicos esta opción puede parecer improbable, el *Lazarillo* canadiense que se considerará más adelante es un ejemplo interesante de esta aproximación.

en dos planos. En un primer plano, que podríamos llamar intramedial, la reducción atañe a la necesidad de remodelar el material de partida de manera tal que quepa dentro de los límites de la adaptación. Este tipo de reducción puede tomar la forma de la supresión o fusión de caracteres o líneas narrativas, la omisión de determinados episodios y la condensación del contenido a través de la eliminación de detalles. En un segundo plano, de orientación transmedial, la reducción se realiza con miras a desplazar parcialmente la carga narrativa del texto adaptado hacia las imágenes, aprovechando los recursos específicos de los cómics. Las descripciones de los espacios físicos y del aspecto exterior de los personajes, pero también de las acciones e interacciones físicas, pueden, en principio, visualizarse en los cómics, lo cual implica una reducción del volumen del material lingüístico por reproducir en el medio de destino. En la práctica, claro está, todas estas formas de reducción están entrelazadas y suelen combinarse libremente.

2. 2. La asignación de las voces del texto literario

Un segundo reto característico de las adaptaciones literarias al cómic es la asignación de las voces del texto original a los recursos del nuevo medio. En la mayoría de los textos narrativos existen dos tipos de voces: la del narrador o la narradora y las de los personajes. En principio, en los cómics las palabras y los pensamientos de los personajes se representan en globos (o "bocadillos") de diálogo y de pensamiento,[7] respectivamente, mientras que la voz de la instancia narrativa suele aparecer en cartelas (o "cartuchos").[8] Como ya hemos visto, a pesar de esta correspondencia formal, el cómic dispone, además, de una serie de recursos visuales capaces de aliviar al texto de su responsabilidad narrativa exclusiva. Entre estos recursos se incluyen la visualización de personajes y entornos, las líneas cinéticas, las metáforas visuales y las onomatopeyas. Las viñetas del cómic pueden transmitir emociones y acciones y narrar historias complejas de una manera que no es posible únicamente con palabras.

---

[7] Para el vocabulario comiquero me oriento en el *Diccionario terminológico de la historieta* (Barrero, 2015).

[8] Cabe aclarar que las cartelas pueden tener varias funciones más, incluyendo su uso para acomodar indicaciones temporales o locales y hasta pensamientos y diálogo (véase Barrero, 2015: s.v. "Cartela"). En un apartado titulado "Cartuchos", Luis Gasca y Román Gubern (2011: 273-278) ilustran la flexibilidad de este recurso formal con una veintena de ejemplos de diferentes épocas y contextos.

2. 3. El estilo visual

El tercer y último desafío que se abordará aquí concierne al estilo visual, especialmente en la representación de los personajes de la obra adaptada. Esta representación no necesariamente debe seguir al pie de la letra las descripciones del texto, si es que existen. Sin embargo, conviene considerar las consecuencias de desafiar las expectativas del público lector, sobre todo si los personajes cuentan con una iconografía establecida, como sucede, por ejemplo, con los protagonistas del *Quijote* (véase Bal, 2019: 71). El *Lazarillo*, por otra parte, está libre de semejante carga iconográfica, pues no contamos con representaciones visuales del protagonista Lázaro o de sus amos que hayan dejado sus huellas en el imaginario colectivo español. A consecuencia de ello, las adaptaciones del *Lazarillo* tienen mayor libertad a la hora de dibujar los personajes. Dicho esto, en la práctica, esta libertad estilística no es absoluta, ni mucho menos.

Sin perjuicio de la importancia de las habilidades técnicas y preferencias estilísticas de la o el artista, conviene recordar que el medio de los cómics tiene sus propias convenciones visuales, que varían según el formato de publicación y el género, entre otros factores. Como ya hemos visto, por sus circunstancias de producción, son los cómics de formato largo los que menos suelen adherirse a este tipo de convenciones visuales.

3. ADAPTACIONES DEL *LAZARILLO* AL CÓMIC

Eliminando las reediciones de algunos títulos, he podido identificar media docena de historietas españolas —más una publicada en inglés en Canadá— que se basan directamente en el *Lazarillo*.[9] Llama la atención que todos los *Lazarillos* españoles se publicaron en alguna serie de adaptaciones de clásicos literarios. Además, desde la primera adaptación documentada de 1944, hasta la más reciente de la que tengo conocimiento, de 2022, todas ellas se dirigen a un público joven. La adaptación canadiense, por otra parte, es singular en su orientación hacia un público adulto. Volveré sobre las implicaciones de esta diferencia más adelante.

---

[9] Mi principal fuente para este tipo de búsqueda bibliográfica es el sitio web *Tebeosfera. Cultura gráfica* sostenido por la Asociación Cultural Tebeosfera (2025), recurso imprescindible para la investigación de la historieta española.

Una rápida ojeada a estas historietas demuestra que el estilo visual de las adaptaciones españolas se inclina hacia la caricatura. Como es sabido, la caricatura y la sátira social son también características del *Lazarillo*. La preferencia por un estilo caricaturesco en estas adaptaciones, ¿obedece entonces a una comprensión reflexiva de características centrales de la novela por parte de los artistas?[10] Es probable que los dibujantes tengan una idea aproximada tanto de los recursos estilísticos del texto como de la índole satírica del relato del protagonista Lázaro de Tormes. Sin embargo, este énfasis en la persona artista individual ofusca un hecho fundamental con importantes implicaciones: la abstracción y la exageración forman parte del ADN de los cómics; incluso en las novelas gráficas más serias suelen hallarse trazos de los orígenes caricaturescos del cómic contemporáneo. Como ha señalado Charles McGrath, "por mucho que la novela gráfica se acerque al realismo, su idioma fundamental siempre conserva un matiz [...] caricaturesco" (2004).[11] La tendencia inherente de los cómics hacia la abstracción y la exageración, a menudo en clave humorística, se manifiesta aún con mayor fuerza en las obras anteriores al auge de la llamada novela gráfica. Para algunos autores, la distorsión y la abstracción icónica constituyen incluso la esencia del dibujo narrativo (véanse, por ejemplo, Groensteen, 2007: 161-162 y Wolk, 2007: 119-120).

3. 1. El *Lazarillo de Tormes* (Carlos R. Soria y Chiqui de la Fuente, 1982)

El primer Lazarillo por considerar aquí es el producto de una temprana colaboración entre el guionista Carlos R. Soria y el dibujante Chiqui de la Fuente. Publicado originalmente en 1982, como primer número de la serie "Maravillas de la literatura" (Larousse), esta adaptación volvió a editarse en al menos tres ocasiones en los años 80 y 90 del siglo pasado. La extensión de 44 páginas corresponde al formato convencional de esta y otras series de adaptaciones de clásicos literarios para lectores jóvenes.[12]

---

[10] El uso de la forma masculina con referencia a los dibujantes de las adaptaciones consideradas aquí es deliberado, porque todos ellos son hombres.

[11] El pasaje original reza: "no matter how far the graphic novel verges toward realism, its basic idiom is always a little [...] cartoonish".

[12] Cada una de las dos partes del *Quijote*, adaptadas por el mismo equipo en 1984, dicho sea de paso, se ajustan al mismo formato de 44 páginas (véase Soria y Fuente, 1989c).

Aunque las andanzas de Lázaro en la historieta siguen a grandes rasgos las del relato literario, se omiten por completo tanto el Prólogo como la situación enunciativa epistolar, que motiva la narración autobiográfica del protagonista. A consecuencia de esta omisión, quedan en la oscuridad no solo el ascenso social de Lázaro en Toledo —cristalizado en la archiconocida frase final de la novela anónima: "Pues en este tiempo estaba en mi prosperidad y en la cumbre de toda buena fortuna" (Anónimo, 2011: 80)— sino también las sospechas que caen sobre la relación del arcipreste de San Salvador con su criada, que es la esposa del narrador. Tampoco hay mención alguna del "caso" que el relato de Lázaro pretende aclarar, ni del narratario individualizado que en la novela se trata respetuosamente como "vuestra merced".

Al final de la historieta, Lázaro rompe la cuarta pared, dirigiéndose directamente a los lectores en plural ("vuestras mercedes") con una frase reminiscente de la despedida del famoso personaje animado Cerdo Porky, creado por Warner Brothers en 1935: "… y esto es todo, amigos" (Soria y Fuente, 1989a: 144). El narrador-protagonista afirma que sigue recorriendo los caminos de su tierra de Castilla y volverá a dar cuenta de sus andanzas "a su debido tiempo" (Soria y Fuente, 1989a: 144). A diferencia de la estructura cerrada de la novela —al Lázaro literario, no se le ha quedado nada en el tintero—, la historieta no ofrece clausura alguna.[13] Los episodios

---

[13] Conviene aclarar que, de las primeras cuatro ediciones conocidas del *Lazarillo*, de 1554, la de Alcalá de Henares contiene una frase adicional que "respeta el disfraz epistolar" (Rico, 1987: 136). El texto de esa edición termina así: "De lo que de aquí adelante me sucediere avisaré a Vuestra Merced" (Anónimo, 2011: 87). No obstante, la innegable semejanza entre esta adición y el final de la adaptación de 1982 —el último globo de la historieta reza: "…Y esto es todo, amigos. De lo que aquí en adelante me suceda, daré, a su debido tiempo, cumplida cuenta a vuestras mercedes" (Soria y Fuente, 1989a: 144)—, su función y efecto en el contexto de la adaptación son muy diferentes porque, como he señalado, esta no respeta la situación enunciativa epistolar. Además, que yo sepa, ninguna de las ediciones modernas del *Lazarillo* se basa en la edición de Alcalá, aunque en las ediciones críticas la adición queda registrada entre las variantes textuales. En una de las ediciones híbridas del *Lazarillo* para lectores jóvenes, en donde una versión adaptada de la novela en las páginas verso se yuxtapone a una versión en cómic de algunos episodios en las páginas recto, se recoge la esencia de la frase final de la edición de Alcalá: "Ya os tendré al corriente, como lo he hecho hasta ahora, de los hechos y aventuras que, de aquí en adelante, me sucedieren" (Díaz y Segrelles, 1978: 136). Si bien es posible, entonces, que Soria hubiera tenido conocimiento del desenlace de la edición de Alcalá, es poco probable que siquiera las personas familiarizadas con el texto literario en una de sus múltiples ediciones contemporáneas reconozcan este vínculo al leer la historieta.

narrados por Lázaro exponen las duras condiciones de vida de un mozo del estrato social más bajo en la primera mitad del siglo XVI y ciertos abusos sociales de la época. También demuestran cómo el protagonista se vuelve cada vez más astuto e independiente. Pero en última instancia, el relato no lleva a ninguna parte, y el final parece arbitrario. Efectivamente, una vez establecido como pícaro, Lázaro pudo haber terminado su relato en cualquier momento sin poner en peligro su efecto global.

La primera página de la historieta ilustra el comienzo *in medias res* de esta adaptación (fig. 1). La viñeta inicial muestra al ciego, futuro amo de Lázaro, acercándose al mesón donde trabajan el mozuelo y su madre. Si cotejamos este comienzo con la página final de la historieta (fig. 1), resalta la circularidad del relato. Aunque no cabe duda de que el protagonista es más astuto que al principio de sus andanzas, llama la atención que, a diferencia de la novela, a juzgar por su aspecto físico, Lázaro todavía no ha superado su adolescencia. Nótense, además, los letreros con la palabra "Tormes" en las viñetas primera y última. Esta referencia geográfica repetida apunta a la circularidad de la trayectoria de Lázaro que no se corresponde con su ascenso social y la relativa estabilidad en Toledo logrados al final de la novela.

Fig. 1. Comienzo *in medias res* y circularidad del relato
(Soria y Fuente, 1989a: 101, 144).

Las diferencias en el plano de la historia que acabo de señalar —en particular, la eliminación del narratario individualizado y la correspondiente falta de motivación para la narración— despojan a la adaptación de uno de los aspectos que más ha intrigado a quienes se dedican al estudio de la literatura. Dado que esta historieta se dirige a un público joven, no nos debe sorprender la reducción del *Lazarillo* a un relato episódico de aventuras. Al fin y al cabo, este tipo de adaptación de un clásico español no aspira a sustituir al texto adaptado sino estimular el apetito de sus lectores para un futuro encuentro con el texto literario. En el caso del *Lazarillo*, es probable que los y las jóvenes vuelvan a toparse con la novela en el contexto escolar.

Antes me referí brevemente al desafío de asignar las voces del texto adaptado a los recursos del cómic. Lo que hace del *Lazarillo* un caso interesante en este respecto es su condición de narración autodiegética y la correspondiente duplicación de las voces del narrador-personaje. En cuanto narrador, Lázaro relata retrospectivamente sus vivencias como mozo de varios amos, reflexionando sobre las lecciones aprendidas; la adaptación acomoda esta voz narrativa en las cartelas. Las voces de los personajes, por otra parte, —incluida la del propio Lázaro— se representan por medio de los globos de diálogo. En algunas ocasiones, el contenido mental del protagonista se recoge en globos de pensamiento.

Aunque en términos sistemáticos la captura de las voces no presenta sorpresa alguna, es de notar la relativa escasez de las cartelas. Mientras que en la novela el discurso narrativo predomina sobre el discurso de los personajes, en esta adaptación la relación se invierte. Hay páginas enteras sin cartelas, y raras veces la voz del narrador se impone sobre el diálogo. Esta inversión revela la habilidad del adaptador a la hora de convertir la narración de Lázaro en diálogo o aprovechar los dibujos para visualizarla. A consecuencia, esta historieta logra un feliz equilibrio entre mostrar y contar.

En cuanto a la dimensión visual-artística de esta adaptación, no me parece coincidencia que la fisonomía de Lázaro no sufra la distorsión grotesca típica del estilo visual de Chiqui de la Fuente. A mi entender, se trata de un sutil reconocimiento por parte del dibujante de que la postura satírica que caracteriza la mirada sobre la sociedad española de la época excluye al protagonista. Lázaro no solo está en el centro de su relato de vida sino crucialmente, como narrador, también es quien emite los juicios sobre los demás personajes de su relato. A simple vista, tales juicios se capturan en el texto de las cartelas. Sin embargo, la representación visual de los personajes criticados respalda la visión negativa por parte del narrador; la perspectiva de Lázaro informa, pues, tanto la capa textual del relato como el estilo visual caricaturesco.

Visto que el estilo caricaturesco parece informar toda la obra gráfica de Chiqui de la Fuente, resulta tanto más significativa la excepción encontrada en el *Lazarillo* y algunas otras adaptaciones suyas.[14] Al parecer, el principio de distorsión excluye a los personajes jóvenes más generalmente. Además de la correspondencia con el diseño narrativo global de la novela adaptada señalada en el párrafo anterior, me parece plausible conectar esta exclusión sistemática con el público destinatario de estas adaptaciones. La representación comparativamente realista de los personajes jóvenes permite que los lectores y las lectoras se identifiquen con ellos de una manera difícil de imaginar para los personajes adultos grotescamente distorsionados. Al convertir a los protagonistas adolescentes (y demás jóvenes) en figuras positivas de identificación también en el plano de su representación visual, la historieta maximiza su atractivo para los lectores y las lectoras objetivo.

3. 2. *Lazarillo de Tormes* (Enrique Lorenzo, 2008)

Publicada como tercer número de la serie "Clásicos en cómic" destinada explícitamente a lectores jóvenes de 10 a 14 años, esta adaptación de Enrique Lorenzo reduce la historia de Lázaro a tan solo 28 páginas. Como veremos, a pesar de su relativa brevedad, la historieta acierta en capturar varios aspectos del diseño narrativo de la novela, incluyendo la situación enunciativa con un narratario individualizado que motiva la narración de Lázaro y que falta en el *Lazarillo* de 1982.

Tal vez la característica más llamativa de esta adaptación sea la importancia concedida a construir y mantener presente la interacción directa entre Lázaro-narrador y su narratario individualizado. Mientras que en la novela

---

[14] Sin ir más lejos que las adaptaciones recogidas al lado del "Lazarillo de Tormes" en el mismo volumen de las *Joyas Literarias Ilustradas* (1989), también en "Príncipe y mendigo" (Soria y Fuente, 1989b), adaptación de la novela de Mark Twain, a diferencia de la gran mayoría de los personajes adultos, los jóvenes protagonistas Tom Canty y el príncipe Eduardo de Gales se salvan de la mirada caricaturesca del dibujante. Asimismo, incluso en las dos partes de la adaptación de "Don Quijote de la Mancha" (Soria y Fuente, 1989c), que carecen de personajes jóvenes o adolescentes de mayor importancia, el joven criado Andrés, el hijo de Sancho Panza y algunos mozuelos secundarios no sufren el mismo grado de distorsión caricaturesca que los protagonistas y demás personajes adultos.

Lázaro se dirige a "vuestra merced" por escrito, en esta historieta el protagonista comparece ante un oficial judicial para aclarar en persona el "caso" del arcipreste de San Salvador en Toledo, amo de la esposa de Lázaro y amigo del oficial. Solo al final del relato el lector se entera de que aquel "caso" atañe a los rumores sobre el presunto amancebamiento del arcipreste con su criada. Una vez establecida la situación enunciativa del testimonio oral, en dos ocasiones el impaciente oficial interrumpe el relato de Lázaro, instándolo a ir al punto. La insistencia por parte del adaptador en invocar esta situación asegura que no se pierda de vista el contraste entre Lázaro-personaje y Lázaro-narrador, que sustenta el diseño narrativo global tanto de la novela como de esta historieta. Diría incluso que la adaptación sobrepasa en este respecto el texto modelo, donde —como es lógico para el formato epistolar monologal de la novela (véase Kerbrat-Orecchioni, 1998: 19)— en ningún momento el narratario toma la palabra para dirigirse a Lázaro.

A diferencia de la adaptación considerada antes, el contraste entre Lázaro-narrador y Lázaro-personaje se nota también en el plano de la representación visual del pícaro, que yuxtapone la cara lisa del chiquillo al comienzo de la adaptación a la cara barbuda de su contraparte más madura al final, estableciendo una diferencia de edad inequívoca. Volveré sobre el estilo visual de esta adaptación más adelante.

La relativa brevedad de este *Lazarillo* y su énfasis en la situación enunciativa ficcional, cuya representación iterativa ocupa casi cuatro de las veintiocho páginas, conlleva una mayor selectividad a la hora de representar las experiencias específicas del pícaro. En su testimonio, Lázaro se limita a exponer con cierto detalle sus vivencias en servicio de los primeros tres amos de la novela —el ciego, el clérigo y el escudero—, mencionando de paso y de forma sumaria a los demás amos, para luego abordar las circunstancias del "caso".

Conviene reflexionar un momento acerca de las implicaciones de esta selección de episodios. En primer lugar, cabe recordar que, gracias al primer amo de Lázaro, la palabra *lazarillo* entró en el léxico español como denominación para un "muchacho que guía a un ciego" (Corominas y Pascual, 1983: s.v. "Lázaro"). No cabe duda, pues, de la importancia emblemática de esta secuencia de episodios para cualquier adaptación. Por otra parte, cada uno de los tres primeros amos de Lázaro representa el extremo inferior de sus respectivos estamentos, que en conjunto formaban la sociedad española de la época: el estado llano, el clero y la nobleza. Aquellos tres amos son también los personajes cuyas debilidades se describen más vivamente y con más detalle en la novela. Piénsese, por ejemplo, en el episodio en el que la extremadamente larga nariz del ciego provoca el vómito de Lázaro. Huelga decir que ninguna de las adaptaciones consideradas aquí pierde la oportunidad de visualizar este grotesco episodio.

Finalmente, lo que da unidad al conjunto de estos tres amos es el hambre padecida por Lázaro en servicio de ellos. El énfasis de la adaptación de Enrique Lorenzo en la tríada ciego-clérigo-escudero me parece, pues, un hallazgo feliz que evita que la breve adaptación acabe convirtiéndose en una mera sucesión de episodios desconectados. Visto así, poco habría ganado la historieta con dar más espacio para los demás amos de Lázaro.

En cuanto a la asignación de las voces del texto literario a los recursos del cómic, también aquí se nota una preponderancia cuantitativa de los globos de diálogo sobre las cartelas, aunque el adaptador prescinde por completo de los globos de pensamiento y, con ello, de ciertos comentarios irónicos de Lázaro. Esta diferencia contribuye al efecto global de un Lázaro menos astuto y psicológicamente más plano que sus homólogos en el texto literario y la historieta de Soria y Fuente. En última instancia, la simpleza de Lázaro-personaje se corresponde directamente con la ingenuidad de Lázaro-narrador con respecto a las sospechas que rodean al arcipreste y su esposa, como podemos observar en el testimonio ante el oficial. El estancamiento de la dimensión psicológica de este Lázaro hablador contrasta con la maduración física del protagonista señalada antes.

El contraste entre el estilo visual de este *Lazarillo* y el de Chiqui de la Fuente no puede ser más claro. Los dibujos de Enrique Lorenzo se inclinan mucho más hacia la simplificación y estilización que los personajes distorsionados, pero ricos en detalles, de la adaptación de 1982. Aunque ambos dibujantes comparten, en principio, la misma actitud caricaturesca, para Enrique Lorenzo la caricatura no es la opción por defecto. Es decir, hay varios personajes que se salvan de la distorsión caricaturesca, entre ellos el propio Lázaro, pero también la mayoría de los personajes secundarios. De hecho, la mirada selectiva de Enrique Lorenzo apunta a los individuos que, conforme a su lectura del *Lazarillo*, merecen nuestro escarnio. De ahí que los tres amos del pícaro, así como el arcipreste y su amigo, quien le toma el testimonio al desprevenido Lázaro, estén concebidos con una fisonomía poco realista, grotescamente distorsionada. Dada la ingenuidad de Lázaro, es obvio que aquí la mirada caricaturesca selectiva no corresponde a la perspectiva del narrador sino a la del adaptador. Es llamativo que la representación caricaturesca del arcipreste (fig. 2), cuya atención excesiva a su criada junto con su sonrisa exagerada y permanente despiertan sospechas acerca de su recato, entre en conflicto con el relato verbal de Lázaro, confirmando de manera indirecta la relación ilícita entre el clérigo y la esposa del protagonista.

Fig. 2. Representación caricaturesca del arcipreste (Lorenzo, 2008: 27, extracto).

Por encima de las diferencias entre estas dos adaptaciones del *Lazarillo*, ambas coinciden en apelar a sus jóvenes lectores por medio de sus respectivos protagonistas, exceptuándolos de la implacable mirada caricaturesca. Sin embargo, en vista del estilo general de las adaptaciones y de las convenciones del medio, está claro que esto no conduce ni remotamente al tipo de realismo asociado con la tradición del dibujo académico. Curiosamente, el cabello de Lázaro parece estar inspirado en el manga japonés (fig. 2), que desde hace algunas décadas goza de gran popularidad también en España (véase Rigual Mur y Ruiz-Flores, 2021). De esta forma, la adaptación logra insertar un rasgo específico de la cultura popular del siglo XXI en la historia del primer pícaro literario del siglo XVI.

3.3. *Lazarillo de Tormes. A Graphic Novel* (Enriqueta Zafra y Jesús Mora, 2021)

La tercera y última adaptación del *Lazarillo* por considerar aquí se distancia abiertamente de las historietas para lectores jóvenes. Publicada en Canadá en 2021, sus autores rompen con múltiples convenciones del cómic tradicional, convirtiendo al *Lazarillo* en una novela gráfica con un estilo sui géneris. El planteamiento de esta adaptación en lengua inglesa atañe no solo a su mayor extensión de 120 páginas; desde la primera página, se nota que, en vez de reducir el texto original con la correspondiente pérdida de matización y complejidad, como suelen hacer las adaptaciones para jóvenes, aquí el texto se amplifica con una capa histórica que no se encuentra en el texto original. El hilo conductor de esta capa es la historia editorial del *Lazarillo* y su recepción desde el siglo XVI hasta la actualidad. La voz que presenta estas circunstancias históricas habla con la autoridad de una persona lectora privilegiada versada en la materia. El relato de Lázaro, por otra parte, se transfiere en su totalidad, incluyendo el Prólogo que instala la ficción del testimonio de Lázaro. También aquí el protagonista-narrador comparece ante un oficial judicial para aclarar el "caso" del arcipreste de San Salvador en Toledo, cambiando el formato epistolar para un testimonio oral. Tratándose de una versión en inglés, es tanto más sorprendente que el texto conserve la dicción de Lázaro con bastante fidelidad —se nota un cierto celo filológico no presente en las otras adaptaciones aquí consideradas—.[15]

Así y todo, en cuanto narración gráfica, gran parte de esta adaptación resulta extremadamente redundante. Es decir, los dibujos parecen a menudo una ocurrencia tardía, contribuyendo poco al avance de la narración: ilustran el texto, pero no tienen función narrativa ellos mismos. Una prueba sencilla sirva para ilustrar el fenómeno. La prueba consiste en ignorar los dibujos, fijándonos solo en el texto de las cartelas y los globos. Si la lectura de estos elementos lingüísticos ofrece un relato coherente y autosuficiente, los dibujos tienen una función ilustrativa antes que narrativa.[16] Efectivamente, como lo comprueba la página reproducida (fig. 3), la contribución de las imágenes se limita aquí a visualizar los *verba dicendi* del discurso directo de los persona-

---

[15] Enriqueta Zafra, la adaptadora del texto, es profesora titular de Toronto Metropolitan University.

[16] Huelga decir que la burda distinción entre las funciones ilustrativa y narrativa de los dibujos propuesta aquí con fines heurísticos no agota la compleja relación entre texto e imagen en los cómics. Véase la nota 2.

jes. En la viñeta de la primera fila de esta página, el diálogo entre mozo y amo emana de la boca de los personajes, lo cual obvia la atribución explícita de los enunciados en el texto. Es este el único elemento no redundante en la página.

Fig. 3. Redundancia entre texto e imagen (Zafra y Mora, 2021: 49).

No obstante, el alto grado de redundancia entre texto e imagen que caracteriza grandes pasajes de esta adaptación, al igual que Enrique Lorenzo en su adaptación, el dibujante Jesús Mora aprovecha la "representación analógica" de la imagen (Barthes, 1992: 31) para revelar la verdad del "caso" acerca de las sospechas que caen sobre el arcipreste y su relación con la esposa de Lázaro. En la novela Lázaro insiste en la falsedad de los rumores contra toda evidencia —insistencia que la crítica no ha vacilado en calificar de engaño por parte del narrador-personaje (véase, por ejemplo, Rico, 1988: 172)—, sin que el asunto quede aclarado de manera explícita. En la historieta, por otra parte, la insistencia de Lázaro en la bondad de su mujer entra en conflicto con la representación visual inequívoca de la relación ilícita entre el arcipreste y su criada. Ella no solo lanza miradas conspiradoras a su amante (Zafra y Mora, 2021: 116-117), sino que la vemos también sirviendo desnuda en casa del arcipreste (113). Al yuxtaponer dos versiones incompatibles del "caso", la verdad de las imágenes se impone sobre la mentira estratégica del protagonista-narrador, eliminando cualquier duda acerca de los hechos.

Por último, conviene comentar brevemente la técnica artística y el estilo visual de esta adaptación. Primero, llama la atención el uso de la acuarela. Este contraste con la ilustración lineal con tinta —la técnica artística predominante del medio del cómic tradicional— es reforzado por la renuncia al idioma visual caricaturesco. Ciertas exageraciones momentáneas aparte, la falta de realismo en la representación de los personajes no se debe aquí a una visión distorsionada generalizada sino a la técnica empleada por el ilustrador. El personaje del ciego, que tanto invita a la caricatura, es un buen ejemplo de la aproximación desapasionada que caracteriza las ilustraciones de esta novela gráfica (fig. 4).

Fig. 4. Representación desapasionada del ciego (Zafra y Mora, 2021: 30).

En síntesis, la adaptación canadiense aprovecha el atractivo del medio del cómic para ofrecer una edición amplificada de un clásico de la literatura española en lengua inglesa. El mayor logro de esta versión es la integración de las circunstancias de producción y recepción de la primera novela picaresca, que suelen estudiarse en los contextos escolar y universitario. Por otra parte, llama la atención que esta adaptación larga sea la que menos se fía de la capacidad narrativa de las imágenes. En gran parte de esta novela gráfica el texto predomina sobre los dibujos, otorgándoles el lugar de ilustraciones. Es así como el *Lazarillo* canadiense revela su actitud logocéntrica, que se fundamenta en la presunta primacía, si no superioridad, de la literatura sobre el medio del cómic. La etiqueta prestigiosa de *novela gráfica* no evoca aquí la maestría de algunas de las narraciones gráficas originales publicadas en las últimas décadas. Antes bien, el término *novela* remite al origen literario de la adaptación, mientras que el calificativo de *gráfica* hace hincapié en el elemento ajeno, por así llamarlo, de las ilustraciones.

Conclusión

La capacidad narrativa de las artes visuales es constitutiva del medio del cómic. Aunque existen cómics que prescinden de palabras o limitan su uso a un mínimo, en el ámbito de las adaptaciones de la literatura, son raros los casos de historietas en las que las imágenes predominan sobre el texto.[17] Los tres *Lazarillos* considerados aquí ilustran que a la hora de adaptar un clásico de la literatura, quienes se dedican a esta tarea suelen dar por sentada la superioridad de la literatura sobre el cómic, preservando incluso algunas de las líneas más conocidas por el público lector del texto adaptado. El ejemplo más extremo de ello es la adaptación canadiense, en la que las imágenes tienden a ilustrar el texto antes que avanzar la narración.

Aunque la brevedad del *Lazarillo* no impone las mismas restricciones de espacio que novelas más largas, favoreciendo desde el principio adaptaciones más o menos fieles y completas, no por ello las historietas de orientación didáctica se abstienen de cortar, simplificar o desambiguar ciertos aspectos del texto de partida, para cumplir las expectativas (reales o imaginarias) de sus lectores y lectoras jóvenes. El formato de la novela gráfica no está sujeto

---

[17] Algunos ejemplos de ello se encuentran en Piglia (1993), colección de adaptaciones cortas de textos literarios del canon argentino destinadas a un público adulto.

a las mismas restricciones y convenciones que las series de adaptaciones de los clásicos. La novela gráfica canadiense considerada aquí reduce las 20.000 palabras del *Lazarillo* original con moderación y guiado principalmente por una perspectiva transmedial, ampliando el relato de Lázaro con información contextual. Cabe destacar que esta ampliación no interfiere con el relato de Lázaro ni lo continúa, como lo hace la reciente novela gráfica *El Buscón en las Indias* con respecto al *Buscón* de Francisco de Quevedo (véase Ayroles y Guarnido, 2019). Antes bien, la adaptación canadiense integra las aclaraciones que suelen encontrarse en el entorno paratextual de una edición de estudio, expandiendo el alcance de la narración verbo-icónica para incluir la casi totalidad de la publicación.

Hemos visto que las adaptaciones para lectores y lectoras jóvenes aprovechan sin vacilación la afinidad entre el carácter satírico y caricaturesco del *Lazarillo* por un lado, y la tendencia caricaturesca del cómic tradicional, por otro. La novela gráfica, por otra parte, se distancia de las convenciones del medio, escogiendo un estilo y una técnica deliberadamente sobrios y menos tendenciosos. Con ello, sigue una tendencia general de cierto tipo de novelas gráficas —incluyendo adaptaciones de textos literarios—, que busca alejarse de la estética tradicional de los cómics para evitar las asociaciones negativas del medio.[18]

Es asombroso que hasta la fecha tan pocas adaptaciones hayan escapado de la fuerza gravitacional de la literatura clásica. Existe, pues, una brecha entre los logros de los cómics de creación original, por un lado, y la sumisión voluntaria y hasta deliberada de muchas adaptaciones literarias a su modelo, por otro. Mientras que aquellos han venido estableciéndose como una forma de narración verbo-icónica capaz de satisfacer al público más exigente, estas se hallan a menudo atrapadas en un estado híbrido confuso, levantando la sospecha de los y las amantes de la literatura a la vez que defraudan a las personas aficionadas a los cómics.

La característica reducción cuantitativa y cualitativa de las adaptaciones breves dirigidas a lectores jóvenes suele atraer críticas negativas. No obstante, cualquiera que sea nuestra opinión sobre este tipo de adaptaciones didácticas, es innegable que ofrecen pistas fundamentales para comprender

---

[18] Otro ejemplo de esta aproximación es la versión en cómic de la novela picaresca *El Guitón Honofre* (1604), escrita originalmente por Gregorio González (véase Cabezón García y Cabezón García, 2005).

textos clave de la tradición literaria. Estas versiones preparan a los lectores y las lectoras para futuros encuentros con las novelas originales, otras versiones de las historias adaptadas o alusiones a ellas. Todo ello refuerza la disponibilidad y productividad de los clásicos dentro del sistema cultural.

Bibliografía

Fuentes primarias

Anónimo (2011 [1554]), *Lazarillo de Tormes*, ed., estudio y notas Francisco Rico, Madrid, Real Academia Española.

Ayroles, Alain (guion) y Juanjo Guarnido (ilustraciones) (2019), *El Buscón en las Indias*, Barcelona, Norma Editorial.

Cabezón García, Luis Alberto (guion) y Enrique Cabezón García (ilustraciones) (2005), *El Guitón Honofre*, Rincón de Soto, Cabemayor Ediciones.

Díaz, Teresa (adaptación) y Vicente Segrelles (ilustraciones) (1978 [1970]), *Lazarillo de Tormes*, Barcelona, Bruguera.

Lorenzo, Enrique (guion e ilustraciones) (2008), *El Lazarillo de Tormes*, Madrid, Ediciones SM.

Piglia, Ricardo (ed.) (1993), *La Argentina en pedazos*, Buenos Aires, Ediciones de la Urraca.

Soria, Carlos R. (guion) y Chiqui De la Fuente (ilustraciones) (1989a [1982]), "El Lazarillo de Tormes", en *Joyas Literarias Ilustradas*, 1, Barcelona, Planeta-De Agostini, 1989, pp. 99-144.

Soria, Carlos R. (guion) y Chiqui De la Fuente (ilustraciones) (1989b), "Príncipe y mendigo", en *Joyas Literarias Ilustradas*, 1, Barcelona, Planeta-De Agostini, pp. 145-190.

Soria, Carlos R. (guion) y Chiqui De la Fuente (ilustraciones) (1989c [1984]), "Don Quijote de la Mancha", en *Joyas Literarias Ilustradas*, 1, Barcelona, Planeta-De Agostini, pp. 7-98.

Zafra, Enrique (guion) y Jesús Mora (ilustraciones) (2021), *Lazarillo de Tormes. A Graphic Novel*, Toronto, Buffalo y Londres, University of Toronto Press.

Bibliografía citada y otros recursos

Asociación Cultural Tebeosfera (2025), *Tebeosfera. Cultura Gráfica*, https://www.tebeosfera.com (fecha de consulta: 26/06/25).

Baetens, Jan y Hugo Frey (2015), *The Graphic Novel. An Introduction*, Cambridge, Cambridge University Press. DOI: https://doi.org/10.1017/CBO9781139177849.

Bal, Mieke (2019), "Facing the Face. To Be or Not to Be Don Quijote", *World Literature Studies*, 11 (4), pp. 69-83.

BARRERO, Manuel (2015), *Diccionario terminológico de la historieta*, Sevilla, ACT Ediciones.

BARTHES, Roland (1992 [1964]), "Retórica de la imagen", en Roland Barthes, *Lo obvio y lo obtuso. Imágenes, gestos, voces*, Barcelona, Paidós, pp. 31–53.

BATEMAN, John A. (2014), *Text and Image. A Critical Introduction to the Visual/Verbal Divide*, Londres y Nueva York, Routledge. DOI: https://doi.org/10.4324/9781315773971.

COROMINAS, Joan y José A. PASCUAL (1983), *Diccionario crítico etimológico castellano e hispano*, t. 3: G-MA, Madrid, Gredos.

DUNST, Alexander (2023), *The Rise of the Graphic Novel. Computational Criticism and the Evolution of Literary Value*, Cambridge, Cambridge University Press. DOI: https://doi.org/10.1017/9781009182942.

FERNÁNDEZ SARASOLA, Ignacio (2019), *El pueblo contra los cómics*, Sevilla, ACT Ediciones.

FRYE, David (2015), "Lastest Publication: Lazarillo de Tormes and The Grifter", en https://sites.lsa.umich.edu/davidfrye/2015/07/16/latest-publication-lazarillo-de-tormes-and-the-grifter/ (fecha de consulta: 12/05/25).

GARCÍA, Santiago (2015 [2010]), *On the Graphic Novel*, trad. de Bruce Campbell, Jackson, University Press of Mississippi.

GASCA, Luis y Román GUBERN (2011), *El discurso del cómic*, Madrid, Cátedra.

GROENSTEEN, Thierry (2007 [1999]), *The System of Comics*, trad. de Bart Beaty y Nick Nguyen, Jackson, University Press of Mississippi.

HATFIELD, Charles (2005), *Alternative Comics. An Emerging Literature*, Jackson, University Press of Mississippi.

HUTCHEON, Linda y Siobhan O'FLYNN (2013), *A Theory of Adaptation*, 2ª ed., Londres y Nueva York, Routledge.

JOHNSON, David T. (2017), "Adaptation and Fidelity", en Thomas Leitch (ed.), *The Oxford Handbook of Adaptation Studies*, Oxford, Oxford University Press, pp. 87-100. DOI: https://doi.org/10.1093/oxfordhb/9780199331000.013.5.

JONES JR., William B. (2011), *Classics Illustrated. A Cultural History*, 2a ed., Jefferson, McFarland.

KERBRAT-ORECCHIONI, Catherine (1998), "L'interaction épistolaire", en Jürgen Siess (ed.), *La Lettre entre réel et fiction*, París, Sedes, pp. 15-36.

MCGRATH, Charles (2004, 11 julio), "Not Funnies", *New York Times Magazine*, en http://www.nytimes.com/2004/07/11/magazine/11GRAPHIC.html (fecha de consulta: 21/06/25).

RICO, Francisco (ed.) (1987), *Lazarillo de Tormes*, Madrid, Cátedra.

RICO, Francisco (1988), *Problemas del "Lazarillo"*, Madrid, Cátedra.

RIGUAL MUR, Julia y Pablo César ANÍA RUIZ-FLORES (2021), "Comics Outside of Japan. Manga by Spanish Authors", *International Journal of Comic Art*, 23 (2), pp. 71-82.

SANDERS, Julie (2016 [2006]), *Adaptation and Appropriation*, 2ª ed., Londres y Nueva York, Routledge.

WOLK, Douglas (2007), *Reading Comics. How Graphic Novels Work and What They Mean*, Boston, Da Capo Press.

LA NOVELA GRÁFICA *TODO BAJO EL SOL* COMO EJEMPLO DE CAMBIO DE ENTORNO DE VIDA CONTADO DE FORMA NARRATIVA

ROSALÍA FARTOS BALLESTEROS
Universidad de Valladolid

INTRODUCCIÓN

La necesidad de comunicar ha sido una constante en la historia de la humanidad. De una comunicación oral, temporal y perecedera a una escrita, permanente, pasando por el uso de la imagen como medio de comunicación como los dibujos usados para representar diversas escenas de la vida cotidiana o para mostrar las conquistas del Emperador Trajano contra los Dacios como sucede en la Columna de Trajano en la que los relieves dan cuenta de dicho acontecimiento histórico.

Durante la Edad Media se desarrolla una industria artesanal del manuscrito, impulsada por la creciente demanda de textos y estrechamente vinculada a los monasterios (Bartual, 2014: 44). Este panorama cambia radicalmente con la invención de la imprenta por Gutenberg, hecho fundamental para la expansión de la narrativa visual, al sustituir las antiguas técnicas xilográficas.

En el Renacimiento surgen las primeras tiras gráficas, centradas en su mayoría en temas políticos o en atentados contra la monarquía. Posteriormente, en el periodo Barroco, la temática de estas tiras se diversifica, aunque la crítica política persiste. Es también en esta época cuando se estrechan los vínculos entre este tipo de representaciones gráficas y la prensa escrita, destacando en Alemania la aparición de las denominadas *Newe Zeitungen*, hojas volanderas que constituyen un antecedente relevante (Bartual, 2014: 56). La caricatura y la tira cómica experimentan una notable expansión a lo largo del siglo XIX, consolidando su presencia en los medios impresos. Ya en el siglo XX, comienzan a publicarse antologías que recopilan las primeras tiras cómicas previamente difundidas en la prensa.

En lo que respecta a este género gráfico-literario, cabe señalar que la distinción entre cómic y novela gráfica es equiparable a la existente entre la novela y el relato breve. Mientras que la novela tiende a narrar una historia compleja con personajes que experimentan una transformación a lo largo del relato, el cómic presenta una flexibilidad notable, siendo una de sus mayores virtudes su capacidad para transgredir las fronteras entre géneros (Chinn y McLoughlin, 2019).

Asimismo, puede afirmarse que tanto el cómic como la novela gráfica pueden englobarse bajo esta última denominación, en la medida en que comparten lenguajes, se complementan mutuamente y cuentan con un público lector común (Trabado Cabado, 2020). El término *novela gráfica* fue popularizado a finales de la década de 1970 por Will Eisner, quien lo utilizó como estrategia para captar nuevos lectores hacia sus obras presentadas en formato libro (Trabado Cabado, 2013).

1. El lenguaje de la novela gráfica

En la lectura de un cómic el lector debe ser hábil para intuir lo que ha ocurrido entre una viñeta y otra. Esto es, qué pasa en las viñetas no dibujadas por el autor.

> Todo depende de las operaciones de asociación por contigüidad y por similitud, algo que guarda relación con operaciones mentales que permiten la comprensión de un mensaje lingüístico, una frase. No obstante, eso no significa que los dibujos se comporten igual que las palabras (Bartual: 2020, 56).

Las secuencias de imágenes no tienen unidades mínimas de significado, por eso su lectura es diferente a la de un texto escrito. Los dibujos mantienen una relación icónica con su significado (Bartual: 2020, 57).

Dentro del ámbito de la novela gráfica, es posible identificar diversos tipos de secuencias narrativas, cada una con características estructurales y comunicativas particulares:

- Secuencia relato: cada viñeta representa una escena diferente situándola en secuencias diferentes o en el mismo, pero nunca fragmentado. En este tipo de secuencias se deja margen para la interpretación de la elipsis (Bartual: 2020, 69).

- Secuencia mimética: consiste en la representación de una misma escena desglosada en distintas viñetas, cada una de las cuales muestra un fragmento visual concreto del mismo momento.

- Secuencia descriptiva: son aquellas viñetas que mantienen entre sí un único vínculo, el espacial. Las viñetas serían como piezas de puzle, pueden ser paisajes, escenarios, realidades geográficas. No sigue una lógica temporal, solo descriptiva (Bartual: 2020, 89).

- Secuencia metafórica: presenta imágenes yuxtapuestas que invitan a una comparación simbólica entre ellas, como una forma de establecer contrastes entre el pasado y el presente. Aunque puede aparecer en cómics narrativos no experimentales, la secuencia metafórica pura se distingue por carecer de vínculos espaciales, temporales o causales entre las imágenes; su conexión es exclusivamente simbólica (Bartual, 2020, p. 96).

En relación con la conexión entre viñetas, resulta pertinente abordar los distintos tipos de *clausura*, entendida como el mecanismo cognitivo mediante el cual el lector interpreta la continuidad entre viñetas. Esta noción está íntimamente ligada al concepto de metonimia y se clasifica en las siguientes modalidades:

- Clausura causal: dos o más viñetas representan una acción o un movimiento mediante la ilustración de una causa y/o un efecto, incluye momentos intermedios. Siempre temporal (Bartual: 2020, 63).
- Clausura espacial:

> Vinculación de las viñetas con otras por estar ubicadas en el mismo escenario o espacio [...] o porque hay objetos que nos llevan a un escenario. [...] Es parecido a la metonimia "continente por contenido" o "la parte por el todo". La secuencia nos da fragmentado un espacio que luego debemos recomponer mentalmente (Bartual: 2020, 61).

- Clausura temporal: dos o más viñetas se encadenan mostrando imágenes entre las que existe una relación de contigüidad temporal. Se da en toda la secuencia de carácter causal y narrativo (Bartual: 2020, 64).
- Clausura metafórica: a diferencia de las anteriores, esta no presenta una relación lógica explícita entre viñetas. Se da en secuencias narrativas que pueden contener información espacial, temporal o causal, pero cuya conexión se basa en la resonancia simbólica (Bartual, 2020: 67).

Bartual (2021) subraya que la yuxtaposición de viñetas constituye el rasgo distintivo del llamado *noveno arte*, señalando que la secuencialidad es un recurso compartido con otros medios expresivos como la novela, el cine o la pintura narrativa (Bartual en Potok, 2024). En esta línea, McCloud (1995) ya había señalado la importancia de la yuxtaposición de imágenes como uno de los recursos fundamentales en la narrativa gráfica.

2. Ecocrítica en la novela gráfica

En los primeros cómics el tema fundamental eran los superhéroes, en la actualidad la temática es mucho más amplia en la que, incluso, podemos hablar de un cómic no literario, más social y reivindicativo. Dentro de este último podemos hablar de todas aquellas obras de corte ecológico (Catalá y Martínez, 2021).

Actualmente, en España, vivimos una época de auge para el cómic, y está claro que el tema ecológico es uno de los más crecientes. En 2015, Jorge Carrión y Sara Forniés publicaron *Barcelona: los vagabundos de la chatarra*, en la que muestran el metabolismo social, económico y ecológico de los desechos de Barcelona durante los años de la crisis económica (Catalá y Martínez, 2021).

Diversas organizaciones no gubernamentales han recurrido a la narrativa gráfica como herramienta de sensibilización y divulgación. Entre ellas se encuentra la ONG española CESAL, que publicó *Puro Perú* (2019), obra en la que participaron múltiples autores. De forma similar, Oxfam Intermón encargó a diez creadores la elaboración de una serie de textos gráficos destinados a relatar diversos proyectos de cooperación internacional en contextos vulnerables, particularmente en regiones de Latinoamérica, África y Asia. Estas iniciativas contaron con el respaldo institucional de la Cooperación Española (Rodríguez Abella, 2021).

Asimismo, cuestiones medioambientales, la explotación urbanística y otras problemáticas de índole ecológica han sido abordadas por autores como Miguel Brieva, El Roto o Forges, cuyos trabajos fueron publicados en el diario *El País* entre los años 2006 y 2014 (Catalá y Martínez, 2021).

En este contexto, se observa un creciente interés por el análisis ecocrítico del cómic, extendido no solo a obras explícitamente ambientalistas, sino también a aquellas que, de forma indirecta, abordan problemáticas relacionadas con el entorno. Este enfoque incluye la consideración de los denominados "puntos ciegos", es decir, los residuos, los ecosistemas destruidos y las formas de vida sostenibles sacrificadas en el marco de políticas extractivistas centradas en la obtención de materias primas y fuentes de energía (Catalá y Martínez, 2021).

La ecocrítica, en este sentido, se define como el estudio de la relación entre la literatura (y, por extensión, otros discursos culturales como el cómic) y el entorno físico, prestando atención a la representación del medioambiente y a las implicaciones ideológicas, éticas y sociales que conlleva dicha representación (Catalá y Martínez, 2021).

Carson publica en 1962 *Primavera silenciosa* destacando el efecto ecológico de los pesticidas en la agricultura industrial. Otros tratan acerca de la politización de la ecología, del movimiento antinuclear o de las campañas a favor del desarme.

Las primeras obras en los años ochenta y noventa examinaban la literatura ambiental y el empleo de nociones urbanas de "naturaleza" y *Wilderness*. Poco a poco la ecocrítica se ha convertido en un campo de estudio más heterogéneo, por ejemplo, la separación conceptual entre los seres humanos y no humanos (Catalá y Martínez, 2021).

Durante el *boom* del cómic adulto, la década de 1970 a 1980, advertimos la reflexión sobre el futuro dada la acción del ser humano. En particular, citamos obras como *Hombre* (1981) de José Ortiz y Antonio Segura, *Basura* (1989) de los argentinos Carlos Trillo y Juan Giménez, o las historias cortas de Auraleón publicadas en la revista *1984* (Catalá y Martínez, 2021).

En la década de los ochenta es reseñable *A mi madre la mar*, publicada por Greenpeace en Francia. Otra obra fue *El pato verde* (1984-1986) publicado por entregas por el Ministerio de Obras Públicas y Urbanismo, actualmente Ministerio de Fomento. Se distribuyó por más de 150.000 escuelas. En los años noventa aparece el cómic *Ozono*, una serie para el mercado italiano, *L'Enternuta* que también publica en España la revista *TOTEM*.

En cuanto a la alfabetización ambiental, observamos que la combinación imagen y texto contribuyen a su desarrollo. La retórica visual, el formato gráfico usado para narrar la subjetividad, el sufrimiento y la experiencia del ser no humano.

La ONG Oxfam Intermón que propuso a diez creadores, Miguel Gallardo, Paco Roca o Cristina Durán entre ellos, que viajaran a distintos países para dar a conocer historias de apoyo de la cooperación española. En el proyecto de Oxfam Intermón, *Viñetas de la vida*, los guionistas y viñetistas son reporteros gráficos. En los trabajos se incluían materiales auténticos como fotografías, hojas sueltas, autorretratos de los propios autores en tres de las siete historias que forman parte de la obra. Parece evidente que esta técnica induce al lector a concienciarse con los problemas que plantean las historias, las hace más auténticas, lo gráfico es una prueba de la veracidad de lo que se cuenta, pues el receptor es consciente de la cara oculta que no se ve de todo el trabajo de la cooperación española. Al mismo tiempo se emplean otras técnicas, por ejemplo, la presentación de testimonios orales a modo de narración testimonial. Esas voces, y sus rostros, llegan visual y auditivamente al lector pues el cómic no hace más que reproducir dos aspectos fundamentales de la comunicación humana: la emisión oral y la percepción y la percepción visiva de la situación comunicativa (Morgana en Rodríguez Abella, 2021: 256).

3. EL CAMBIO URBANÍSTICO

En la novela que analizamos, el urbanismo es uno de los temas centrales. Por eso, unas breves notas sobre el mismo o sobre la importancia en la diferenciación del tipo de suelo podrá ayudarnos a interpretar mejor el activismo que su autora ha pretendido conseguir a través de las viñetas de esta obra.

El urbanismo es un mecanismo de reforma social y una herramienta que permite el crecimiento del sector inmobiliario en régimen capitalista. Para Gaja i Díaz (2015) existe un urbanismo reformista que surge del temor a la extensión del comunismo, una consecuencia de la conquista de la clase trabajadora. Este vendría a comprender de 1978 a los años noventa, fecha en la que las políticas neoliberales abren lo público al negocio privado. El otro tipo de urbanismo del que habla Gaja i Díaz (2015) es el urbanismo neoliberal, una manifestación más de la transformación del modelo económico.

En todo cambio urbanístico han de seguirse una serie de pasos legales entre los que se encontrarían los siguientes: consultar el Plan General de Ordenación Urbana (PGOU), verificar la normativa, realizar un estudio de viabilidad.

En lo que atañe a la definición de suelo, en el DLE se define en su primera acepción como "superficie terrestre" (Real Academia Española, s. f.), ahora bien, en lo que tenemos que indagar es en qué es el uso del suelo, y no es sino la forma en la que se puede usar un determinado terreno. Hay tres tipos de suelo: residencial, comercial e industrial. En cada uno de ellos se pueden construir unos u otros inmuebles (Retlife, 2022-2025).

A lo largo de la historia reciente de España, diversas leyes del suelo han regulado el crecimiento urbano, afectando profundamente la configuración del territorio. La Ley del Suelo de 1956, por ejemplo, contemplaba mecanismos como la expropiación, aunque esta se aplicaba con escasa frecuencia y como último recurso. Durante esta etapa inicial del urbanismo de posguerra, coexistían cuatro sistemas de actuación: expropiación, compensación, cooperación y cesión de viales (Gaja i Díaz, 2015). Esta dimensión legal se refleja en *Todo bajo el sol* donde aparece una viñeta con el texto "Expropiacions no!", aludiendo explícitamente a la resistencia ciudadana frente a estas prácticas.

Posteriormente, la Ley del Suelo de 1976 introdujo una evolución hacia un urbanismo concesional, regulando los Programas de Actuación Urbanística en suelos urbanizables. Este modelo tuvo un notable desarrollo en la Comunidad Valenciana, incidiendo en múltiples dimensiones de la vida cotidiana: social, económica, ecológica, paisajística y urbanística (Gaja i Díaz, 2015). Más adelante, la Ley del Suelo de 1998 suprimió la programación de suelo urbanizable, marcando un punto de inflexión en la planificación territorial.

El desarrollo urbano español ha sido ampliamente tratado por diversos autores. Moneo (s. f. [1982]), por ejemplo, analiza el urbanismo contemporáneo desde los años cincuenta hasta los ochenta, un periodo que coincide en parte con el contexto histórico representado en la novela gráfica de Penyas. Según Moneo, el deseo de modernización llevó a una transformación radical: de una sociedad eminentemente rural en los años cincuenta a una sociedad industrial y urbana. Este proceso implicó el éxodo de amplias capas de población desde áreas rurales hacia las periferias urbanas, dando lugar a nuevos patrones de ocupación del territorio.

La novela gráfica *Todo bajo el sol* narra precisamente este proceso de transformación urbanística, sin mencionar localidades específicas, aunque es posible identificar como referentes ciudades de la costa levantina como Valencia, Benidorm o Cullera. La autora ha declarado su intención de evitar nombres propios para enfatizar el carácter generalizable del fenómeno (Romero Polo, 2023). En su obra, Penyas visibiliza y denuncia los impactos sociales, culturales y ecológicos de la turistificación de la costa valenciana, representando un paisaje en constante cambio, incorporando documentos reales y yuxtaponiendo acontecimientos separados temporalmente (Romero Polo, 2023).

La autora plantea así una crítica al fenómeno global de la transformación de pueblos costeros en destinos turísticos, la gentrificación de centros históricos y la progresiva desaparición de espacios agrícolas frente al avance del urbanismo especulativo (Nuevo, 2021).

El crecimiento de las ciudades españolas se ha producido, en buena medida, mediante la incorporación sucesiva de áreas edificadas, conocidas como *polígonos*, caracterizadas por sus bordes imprecisos y planificación fragmentaria.

El Plan General de Ordenación, tal como lo define la Ley de Suelo de 1956, aceptaba la especialización de funciones que había comenzado a ponerse claramente de manifiesto en la ciudad decimonónica y a la cual los urbanistas habían dado condición canónica al ofrecer el "zoning" como instrumento para el proyecto de la ciudad, que se dibujará así a modo de un mosaico cuyas distintas piezas serán polígonos, cualificados según las actividades a las que están destinados y mediante el volumen que en ellos puede construirse. Áreas y volúmenes, en clara oposición a alineaciones y alturas, serán a partir de ahora las unidades de medida. Con ello, el valor que a un solar le da su posición quedaba relegado en aras de su integración en una unidad superior, el polígono, a la que el proyecto, la voluntad de orden superior puesta en manos del urbanista, otorga la condición de única y última norma (Moneo, s. f. [1982]).

La industrialización —considerada condición indispensable para alcanzar la modernidad— supuso, en consecuencia, un trasvase de población del campo a la ciudad, fenómeno que transformó radicalmente la morfología urbana y se hizo claramente perceptible en el espacio construido (Moneo, s. f. [1982]).

Uno de los efectos más visibles de este proceso ha sido el impacto del turismo sobre el paisaje, particularmente en las zonas costeras. Según Moneo (s. f. [1982]), playas, valles y laderas anteriormente vírgenes fueron objeto de una intensa presión urbanística por parte de promotores turísticos, deseosos de ofrecer al visitante experiencias en entornos naturales que pronto quedaron profundamente alterados.

4. ANÁLISIS DE LA NOVELA GRÁFICA *TODO BAJO EL SOL*

4.1. ¿Quién es su autora?

Ana Penyas nace en Valencia en 1987. Es diplomada en diseño industrial y graduada en Bellas Artes por la Universitat Politècnica de València. Ha recibido numerosos premios como el Premio Nacional de cómic en 2017 por *Estamos todas bien* o Premio ACD Cómic a mejor obra nacional 2021 por *Todo bajo el sol*. La obra que analizamos ha sido traducida al francés, *Sous le soleis* (2022) y al alemán, *Sonnenseiten* (2022).

Es autora, además, de *Mexique, el hombre del barco*, sobre el viaje de más de cuatrocientos hijos de republicanos desde Burdeos hasta México y que terminó siendo un exilio definitivo por el estallido de la II Guerra Mundial. Su última obra hasta el momento es *Asturias Dear Homeland*, un pequeño cómic realizado con el ilustrador Seisdedos.

Publica en castellano y en catalán. En su página web encontramos más información y muestras de su extenso trabajo (Penyas, s. f.). Además, en Centre Cultural La Nau UV (2021) nos explica cómo fue el proceso creativo de la obra que analizamos. Añade que quiere hablar de la destrucción de modos de vida, del capitalismo y de cómo afectaron las expropiaciones, aunque no te tocara directamente. La especulación no deja de ser uno de los temas fundamentales en este cómic (Barrachina, 2021).

4.2. ¿Qué nos cuenta Ana Penyas en *Todo bajo el sol*?

La novela gráfica *Todo bajo el sol* es una historia de una familia de clase baja a lo largo de tres generaciones desde que Alfonso llega desde un pueblo del interior a la costa para trabajar de camarero en un hotel. Y a la vez es el relato de una transformación urbanística que iremos notando a medida que pasamos las páginas.

El marco narrativo comprende desde 1969 hasta 2019. En esos cincuenta años conoceremos al protagonista, Alfonso, un joven de entre 20 y 30 años, de Tarazona de la Mancha, que empieza a trabajar en el Hotel Palace. En esas cinco décadas toda su familia será protagonista en algún momento. Por ejemplo, Pablo, su hijo, nos llevará a los años de la Ruta del Bakalao. El auge de las especulaciones inmobiliarias tendrá mucho que ver con el padre de Amparo, un agricultor que verá cómo su pueblo cambia drásticamente. En cuanto a las dos hijas de la pareja protagonista, Alba y Mar, la narración se centrará en la emigración a Alemania en la primera década del siglo XXI y en el paro juvenil que azotó la zona en esos años.

4.3. El cambio urbanístico en *Todo bajo el sol*

En la novela iremos viendo cómo se transforma el paisaje inicial que vemos en la imagen de la portada con el mar en el fondo, una barraca a la derecha y detrás de esta un edificio. Durante los cincuenta años que transcurren desde el inicio de la historia hasta su finalización, iremos viendo a través de las viñetas, cómo se ha transformado el paisaje de la zona de Levante español. Para empezar, la primera imagen en blanco y negro, una viñeta a sangre, se ve la playa, el mar y lo que serían pequeñas huertas cultivadas.

Fig.1. Penyas (2021), viñeta del paisaje con las huertas y el mar.

Dos turistas alemanas se refieren a ella con el comentario de que es "como viajar en el tiempo" (Penyas, 2021). Nos fijamos en el hombre montado en la bicicleta. La traducción al español se muestra en la parte inferior izquierda de la viñeta. Esta escena se dibuja en cuatro ilustraciones de tamaño regular. Las turistas hojean un folleto en blanco y negro que contrasta con la imagen "real" del paisaje en el que predomina el verde de la huerta valenciana.

La siguiente imagen es una viñeta rectangular casi a doble página que será clave en toda la historia pues se hará patente prácticamente en cada momento temporal en los que se organiza la narración.

La transformación urbanística se relaciona en gran medida con el fomento del turismo que se inició, o tuvo especial importancia, con los últimos años del franquismo.

> Las playas han sido, tal vez, los parajes más dañados, dado que los promotores, en conexión con empresas hoteleras, se lanzaron sobre ellas, levantando apartamentos y hoteles, sin otro propósito que almacenar viajeros y sin más restricción que la dictada por la economía (Moneo, s. f. [1982]).

Con relación a esto, observamos que Penyas (2021) dibuja una gran viñeta en la que destaca el ancho mar y varios edificios, en el centro aparece el Hotel Palace, lugar de trabajo del protagonista, Alfonso (véase https://anapenyas.es/todo-bajo-el-sol/). Es una imagen con el mar ocupando una buena parte de ella, una playa, varios edificios y en el centro el Palace. Al final de la novela gráfica habrá otra viñeta con casi el triple de edificaciones y en el que se intuye el Hotel Palace por la letra pe mayúscula (P) que se puede leer. A medida que transcurre la historia, ese primer hotel quedará rodeado de otros muchos hoteles y grandes edificios hasta ser solo reconocido por el trazo de la P del nombre del establecimiento.

Como hemos dicho anteriormente, la historia de *Todo bajo el sol* se articula en torno a una familia. El padre, Alfonso, lo vemos montado en una bicicleta en las primeras páginas de la novela. El protagonista será uno más entre los muchos españoles que, ayudados por el auge del turismo, abandonará el trabajo en el campo para iniciar una nueva vida en la ciudad.

> No han faltado, sin embargo, quienes han intentado ver con buenos ojos, algunas de las nuevas ciudades creadas a impulsos del turismo, entendiendo que, en lugares como Benidorm o Torremolinos, el urbanismo espontáneo había logrado satisfacer a la demanda; el instinto del promotor habría estado cargado, para ellos, de mucha mayor racionalidad que el discurso académico de los urbanistas, obligados a respetar una ortodoxia que no era utilizable, sin embargo, para el extraño tipo de ocupante de la ciudad de vacaciones que es el turista (Moneo, s. f. [1982]).

La primera parte de la obra, de 1969 a 1987, se concluye con unas viñetas del concurso *1,2,3*. En concreto del programa emitido el 12 de abril de 1985. Para los que lo hayan visto, reconocerán a la presentadora Mayra Gómez Kemp y el particular decorado de tan conocido programa. En esa emisión televisiva, los concursantes se llevaron un apartamento en el Mar Menor.

En la siguiente parte, la que se inicia en 1987 vemos que la primera viñeta nos muestra un pueblo levantino con su iglesia al fondo, varias casas, el campo amarillo que bien pudiera hacer referencia a la sequía de los meses de verano en la zona. Además, se pueden leer los carteles de diferentes negocios como: carnicería, taller, bar. En las siguientes ocho viñetas se muestra el barrio en el que vive la familia de Alfonso.

Procedemos a describir las cuatro primeras con los dos en el coche recordando al padre ya fallecido, el enfrentamiento padre e hijo por la vida que este debería tener, y el miedo de la mujer por las calles de la localidad (véase https://anapenyas.es/todo-bajo-el-sol/).

El segundo *boom* inmobiliario (1986-1991) provoca que el sector de la construcción movilizara a mucha mano de obra. El Real Decreto Ley 2/1985, también llamado Decreto Boyer, tenía como objetivo incrementar la compra de obras de nueva construcción (Morell Monzó y Membrado-Tena, 2019). A partir de ese momento, empezó a desarrollarse el urbanismo expansivo en España.

En la novela *Todo bajo el sol*, este periodo culmina con la aparición de otro programa de televisión: *A guanyar diners*, emitido por Canal 9 entre 1982 y 1992. El fragmento se presenta en catalán, con su traducción al castellano en la parte inferior.

En las viñetas siguientes, a través de anuncios, escenas callejeras y referencias a la prostitución, se aprecia cómo la ciudad va transformándose. Cada vez hay más edificios, más construcción, más verticalidad.

Unas pocas viñetas bastan para retratar la noche levantina de finales de los años noventa: la discoteca iluminada en tonos azules y verdosos, las drogas, las pastillas. Todo remite a la famosa Ruta del Bakalao. En una de ellas, varios jóvenes aparecen de fiesta; hay coches de colores rojo, negro, azul y blanco, y, al fondo a la derecha, la oscuridad de la noche lo envuelve todo. Luego, una viñeta a doble página muestra una ciudad densamente edificada, con gran presencia de hoteles. En la página siguiente se observa la estructura de una nueva construcción, como una promesa —o advertencia— de lo que está por venir.

Fig. 2. Penyas (2021), viñeta con edificios construidos y la estructura de otro.

En la novela observamos que las edificaciones son todas iguales, altas torres cada vez más cerca de las playas. Tal como leemos en Moneo (s. f. [1982]):

Los cientos de hoteles y los millares de apartamentos construidos responden a principios tipológicos de una sencillez rayana en la miseria y, con la excusa de construir según los principios de arquitectura impuestos por el Movimiento Moderno, los arquitectos produjeron, con frecuencia, auténticos esperpentos.

Sigue Moneo (s. f. [1982]):

> La expansión y crecimiento del turismo lleva a la imagen de unas playas dominadas por el hormigón, con la única preocupación de ofrecer al turista "una terraza con vistas sobre el mar", lo que conllevará la destrucción del paisaje que se pretendía ofrecer a los turistas.

Penyas (2021) hace constantes referencias a aspectos socioculturales de todos esos años. Así, por ejemplo, en uno de los dibujos aparece *"E.T.T. vuelve a tu país"* símil entre las empresas de trabajo temporal y el extraterrestre más universal. El símbolo anarquista. La tienda de Todo a 100.

Esta parte concluye con las imágenes de un gran incendio en una zona sin edificar. Es posible que se aluda a uno de los muchos incendios acaecidos en esos años en los que hay una elevada construcción de viviendas producto de la especulación.

> Los efectos negativos de un urbanismo irracional, el gran problema social, económico y ambiental del litoral mediterráneo, se acentúan visiblemente en el Levante español. Desde ámbitos científicos y ciudadanos no deja de advertirse que este modelo autodestructivo está configurando una sociedad problemática y aniquilando las perspectivas de desarrollo futuro (Moneo, s. f. [1982]).

La siguiente etapa, la que se inicia en el 2000 se abre con tres viñetas en una clausura espacial con el padre de Amparo recogiendo cebollas. En la ilustración que está debajo de esas tres, observamos a cuatro hombres más, muchas cebollas, unas cuantas cajas. La imagen se completa con varios edificios en construcción al fondo, un trabajador, varias grúas y un tractor.

Respecto a la forma de leer esta novela gráfica, hemos visto que, en varias viñetas, como ocurre en este caso, la lectura puede hacerse de un lado de la página hasta el final de la siguiente, contabilizando un total de seis viñetas, y luego regresando a la primera página en la que una gran viñeta ocupa el espacio de las tres primeras, y otras dos, en la siguiente página, el de los otros tres dibujos.

En la imagen vemos que las viñetas se disponen en una secuencia descriptiva. En la última ilustración aparece otro elemento no ficcional, el cartel en catalán "Expropiacions no!!".

Más adelante vemos una gran viñeta en la que volvemos a ver casas, campo, grúas, una hormigonera y huertas (véase https://anapenyas.es/todo-bajo-el-sol/).

En cuanto al tercer *boom* inmobiliario (1997-2007) constituye el momento de máxima expansión del sector inmobiliario en España, que derivó en el desarrollo de una hiperurbanización, cuyo peor efecto a largo plazo será el agravamiento de la crisis ecológica (Gaja i Díaz en Morell Monzó y Membrado-Tena, 2019: 307).

Nos gustaría hacer hincapié en tres viñetas de la pala de una máquina excavadora que podrían ser una secuencia metafórica con relación a las tres imágenes de la página siguiente, por la semejanza de "coger tierra" con la máquina y con la mano. El agricultor coge la tierra en la mano para ver su calidad, textura, pero no exenta de rabia por el futuro incierto. El empresario constructor simplemente la aparta para empezar a construir viviendas. Y para venderla como dice el abuelo a la nieta desde la esquina inferior de la viñeta. Aquí vemos otro elemento no ficcional en el amplio cartel de Green Residencial.

La construcción de nuevos barrios en las grandes ciudades viene acompañada de una serie de propuestas como la de incluir en las parcelas, piscinas, campos de golf, pistas de tenis para promocionar la venta de los inmuebles. La mayoría de ellos como segundas residencias.

En la revista *Quercus* (2014) leemos que:

> El desenfreno urbanístico se suele justificar alegando coyunturas económicas ineludibles o posibilidades de negocio rápido que no pueden ser desaprovechadas. Pero es evidente que si nos encontramos ante una situación urbanística salvaje es por el interés de determinados grupos sociales y políticos extremadamente influyentes, no por el flujo de ninguna inercia económica inexorable.

En el mismo artículo:

> En el Levante español, este desarrollo depredador se ha visto favorecido por medio de conexiones y dependencias –a veces evidentes, otras inconfesables– de ayuntamientos con promotores y constructores, a partir de complicidades políticas cimentadas en numerosas ocasiones en redes familiares o clientelares. Una nueva élite urbanística detenta el poder de facto en muchos municipios y potencia lo que podríamos llamar el discurso de la urbanización total. Sólo así se explica que, por ejemplo, existan en la provincia de Ali-

cante –en proceso de desertificación– más de cuarenta proyectos de campos de golf, a los que se asocian miles de viviendas.

Por último, hay que destacar el hecho de que las nuevas construcciones ubicadas en áreas de alto valor ecológico y asociadas a actividades lúdicas como campos de golf o puertos deportivos, suelen estar patrocinadas por influyentes grupos inmobiliarios de capital foráneo.

Para acabar con este capítulo, se han dibujado unas viñetas que reproducen parte del documental *A tornallon* (véase https://www.youtube.com/watch?v=rPC5D9msKGo). En este caso también se usa como lengua el catalán.

El capítulo dedicado al año 2006 se inicia con cuatro viñetas. Las dos primeras reproducen la imagen de dos chicas tomando el sol en las viñetas de la izquierda, en la primera solo están ellas y en las de debajo se las ve a ellas y un hombre que pasa con una escalera de mano por detrás. Una secuencia relato en la viñeta en la que la familia habla a través de ordenador con la hija que vive en Berlín. Imagen que reconocemos de un chat de internet, con su micro, su cámara, su teléfono. Queremos detenernos en un dibujo en el que reconocemos el cuadro de Klimt *El beso* y debajo la imagen de las dos mujeres abrazadas como si fueran las modelos de este. La decadencia del barrio es palpable en la imagen del edificio viejo y sucio mencionando a yonquis y de que el barrio se va a revitalizar.

Se termina con fotogramas del documental *Casas vacías, las nuevas ruinas* emitido por *Documentos TV* en 2014 (véase https://www.rtve.es/play/videos/documentos-tv/documentos-tv-casas-vacias-nuevas-ruinas/2884818/). En el mismo se habla de Águilas en Murcia y un directivo de Dursa, empresa promotora de este gran proyecto de urbanización inacabado y suspendido.

Fig. 3. Penyas (2021), viñetas que reproducen fotogramas
del documental *Casas vacías, las nuevas ruinas*.

Si nos fijamos en los fotogramas del vídeo y en las ilustraciones observamos que son casi idénticos. Sobre la técnica que emplea en su trabajo, decía Penyas: "Siempre parto de herramientas manuales donde mezclo acuarela, guache, tinta china, lápices de colores, rotuladores… con la transferencia de imagen fotográfica a través de disolvente" (García Rouco, 2021).

En particular no dejemos de comentar una gran viñeta en la que vemos muchos edificios, junto al mar, y en la que, si nos fijamos bien, se intuye el Palace por la P que se vislumbra. El paisaje urbanístico ha cambiado en cincuenta años. Y no solo ello, sino que también el modelo de turismo, para comprobarlo basta mirar las viñetas que siguen a esta página, con cuatro centradas en una de las muchas discotecas abiertas en esas décadas. Una denuncia, probablemente, al incipiente turismo de borrachera.

Fig.4. Penyas (2021), viñetas con multitud de edificaciones y el interior de una discoteca.

Finalmente, en 2019, esto es, cincuenta años después de empezar la historia de la vida de Alfonso y de su familia, las viñetas nos narran la mudanza.

Por lo que afecta a la transformación de la ciudad vemos un gran edificio de pisos convertido en el Hostel The Garden, una queja sobre los pisos turísticos. En otra viñeta a sangre un mercadillo con toda una vida de la familia protagonista.

En las últimas viñetas se narra la despedida de la ciudad, las palabras de una de las hijas "Aquí no hay nada, mamá" (Penyas, 2021), una secuencia relato desde el dibujo de la llave metida en la cerradura, y la alusión a la muerte de los abuelos.

Se puede observar que la última viñeta en la que se ven varios edificios es de obligada comparación con la ilustración con la que se iniciaba esta novela gráfica, en 1969. Sobre todo, por las palabras de Amparo, desde el coche: "Alfonso «¿Te acuerdas de cuando esto era huerta?»" (Penyas, 2021).

El lector no tendrá más que volver a las primeras páginas de la novela gráfica para comprobar que, en efecto, esa viñeta en la que se veía una amplia extensión de campo se ha transformado en un paisaje de enormes edificaciones que ha acabado por echar a las personas que, sin darse cuenta, han vivido y sufrido el cambio urbanístico.

En lo que concierne a la transformación urbanística de la zona del Levante español, y sin duda, de todo el país, no podemos dejar de comentar una viñeta rectangular que ocupa las dos páginas y que se ha dibujado repetidamente incluyendo los cambios a lo largo del tiempo. Se hace desde una perspectiva idéntica en seis momentos distintos. La viñeta de la que hablamos se halla en las primeras páginas del libro (véase https://anapenyas.es/todo-bajo-el-sol/). En 1969 en ella se ve una casa con su huerta y dos palmeras, un carro tirado por un caballo, dos coches, un hombre en una motocicleta, Alfonso, dos grandes anuncios, de una bebida y celebrando 25 Años de Paz. Al fondo, tres edificios. Es una carretera que pasa por una zona de huertas uniendo la ciudad con un pueblo costero (Centre Cultural La Nau UV, 2021). En la misma viñeta en 1987 vemos la casa con la huerta y las dos palmeras. Esa parte izquierda de la ilustración es prácticamente igual. Por el contrario, el resto de la viñeta se ha ido transformando. Entre los elementos que se observan vemos que hay más tráfico, junto a los coches un autocar; los anuncios en los carteles son tres y en ellos aparece la palabra "Futuro", alude otro a una discoteca y, sobre todo, ya se han construido más edificios. En la repetición de la ilustración en 1996 ya observamos un cambio mucho mayor. A saber, detrás de la casa con huerta aparecen tres grúas, un edificio. Los anuncios tienen que ver con el turismo o con la inversión en pisos; de hecho, existen muchos edificios en toda la viñeta. En la del año 2006 aparece la casa de la izquierda, más coches, un autobús urbano de color rojo, muchos edificios y anuncios "Solicita préstamos", en otro un avión y una azafata, o el de una urbanización con campo de golf. La proliferación de edificios es tan grande que poco a poco vemos que apenas se ve el campo. Por último, en la viñeta de 2017 nos encontramos con el anuncio de venta de la casa con huerta. Los edificios están por toda la ilustración; los anuncios hacen referencia a las apuestas, a viajes a lugares lejanos como Machu Pichu o acerca de la moda masculina.

Se podía hablar de una secuencia relato porque interpretamos todo lo que ha pasado entre la primera de esas viñetas y la del año 2006 y posteriores. En nuestra opinión podríamos hablar de una especie de clausura metafórica, en parte por la información causal que deriva de ellas.

Otros elementos de carácter no ficcional los tenemos en las viñetas en las que se ven diversos productos como una botella de ginebra, los nombres de las tiendas, los carteles de "iniciativa comunitaria URBAN" que encontramos en varias ilustraciones.

Se emplean anuncios, carteles o programas de televisión para contextualizar la obra y convertirla en una crónica de esos cincuenta años.

Por lo que se refiere al estilo de su autora, seguimos a Potok (2024) que decía:

> En el ámbito de la ilustración, Penyas destaca por un estilo distintivo que rompe con las convenciones gráficas tradicionales. Movida por una pasión hacia las vanguardias, adopta en sus narrativas un enfoque experimental, por cuanto emplea el dibujo artesanal junto con técnicas innovadoras como la transferencia de imágenes y el collage.

Por otro lado, en este tipo de *collages*, la mirada de los personajes fotografiados parece proyectar una llamada de atención ante lo insensato de las circunstancias (Blanco Cordón, 2021).

CONCLUSIONES

Después de analizar *Todo bajo el sol*, se puede afirmar que el formato de las viñetas de una novela gráfica permite una crítica social de todo el proceso de industrialización y especulación llevados a cabo durante más de cincuenta años.

Es verdad que los protagonistas son tres generaciones de la misma familia en un pueblo de la comunidad valenciana que en los años sesenta comienza a crecer por el auge del turismo, pero bien pudieran ser otros de otras zonas del país (García Rouco, 2021).

Es evidente que el urbanismo irracional conlleva graves consecuencias económicas y ambientales, principalmente en el Levante español. Los científicos no han dejado de advertir que este modelo autodestructivo está configurando una sociedad problemática y aniquilando las perspectivas de desarrollo futuro:

> La pérdida de paisaje e identidad no puede ser la condición sine qua non del desarrollo. Lo local no está condenado a desaparecer, sino que puede y

debe convertirse en un marco de referencia en el que comencemos a construir una realidad más acorde con los valores de respeto al medio ambiente y solidaridad. Es necesaria una planificación integral en la que se articulen sociedad, cultura y naturaleza.

Las urbanizaciones que proliferan por todo el litoral están en las antípodas de estos planteamientos. Se diseñan para la posesión privada y el consumo, limitando o eliminando los espacios comunes donde la gente realmente crea sociedad (*Quercus*, 2014).

En definitiva, esta novela nos invita a reflexionar detenidamente sobre los riesgos de la industrialización sin control.

BIBLIOGRAFÍA

BARRACHINA, Laura (2021, 24 de febrero), "Todo bajo el sol, con Ana Penyas", en https://www.rtve.es/play/audios/el-ojo-critico/todo-bajo-sol-ana-penyas-24-02-2021/5802732 (fecha de consulta 04/08/2025).

BARTUAL, Roberto (2014), *Narraciones gráficas: del códice medieval al cómic*, Madrid, La Marmotilla.

BARTUAL, Roberto (2020), *La secuencia gráfica. El cómic y la evolución de su lenguaje*, Madrid, La Marmotilla.

BLANCO CORDÓN, Tatiana (2021), "Experiencias gráficas de Chantal Montellier y Ana Penyas para la concienciación medioambiental. La autobiografía subterránea", *CuCo, Cuadernos de Cómic*, 17, pp. 84-108.

CATALÁ, Jorge y Christine M. MARTÍNEZ (2021), "La imaginación ecológica en el cómic español", *CuCo, Cuadernos de Cómic*, 17, pp. 18-37.

CENTRE CULTURAL LA NAU UV (2021, 3 de junio), "El proceso creativo de *Todo bajo el sol*", en https://youtu.be/sBxlr099adg (fecha de consulta: 04/08/25).

CHINN, Mike y Chris MCLOUGHLIN (2009), *Curso de novela gráfica: guión, personajes, color, maqueta, tipografía, bocadillos*, Barcelona, Editorial Gustavo Gili.

GAJA I DÍAZ, Fernando (2015), "Urbanismo concesional. Modernización, privatización y cambio de hegemonía en la acción urbana", *Ciudades*, 18 (1), pp. 103-126.

GARCÍA ROUCO, Diego (2021, 17 de febrero), "Todo bajo el sol de Ana Penyas", en https://www.zonanegativa.com/todo-bajo-el-sol-de-ana-penyas/ (fecha de consulta: 04/08/25).

MARTÍN, Pilar (2021, 11 de febrero), "«Todo bajo el sol», una crónica ilustrada sobre la especulación urbanística", en https://www.20minutos.es/noticia/4580080/0/todo-bajo-el-sol-una-cronica-ilustrada-sobre-la-especulacion-urbanistica/ (fecha de consulta: 04/08/25).

Moneo, Rafael (s. f. [1982]), "El urbanismo contemporáneo: 1950-1980", en http://www-etsav.upc.es/personals/monclus/cursos2002/moneo.htm (fecha de consulta: 04/08/25).

Morell Monzó, Sergio y Joan Carles Membrado-Tena (2019), "Causas y consecuencias del crecimiento urbanístico en el litoral valenciano a través de la evolución de los usos del suelo. El caso de Oliva", *Cuadernos de Turismo*, 44, pp. 303-326.

Muñoz Rosúa, Eva (s. f.), "La figuración comprometida de Ana Penyas", en https://verlanga.com/ilustracion/la-figuracion-comprometida-de-ana-penyas/ (fecha de consulta: 04/08/25).

Nuevo, Mar (2021, 11 de febrero), "«Todo bajo el sol»: la especulación urbanística traducida al cómic", en https://www.economiadigital.es/tendenciashoy/cultura/todo-bajo-el-sol-la-especulacion-urbanistica-traducida-al-comic.html (fecha de consulta: 04/08/25).

Potok, Magda (2024), "Herramientas de concienciación política en el cómic: yuxtaposición y contraste en *Todo bajo el sol*, de Ana Penyas", *Diablotexto Digital*, 16, pp. 259-279.

Penyas, Ana (s. f.), "Ana Penyas", en https://anapenyas.es (fecha de consulta: 04/08/25).

Penyas, Ana (2021), *Todo bajo el sol*, Barcelona, Salamandra Graphic.

Quercus. Revista Decana de Información Ambiental (2014, 22 de octubre), "Desarrollo salvaje en el Levante español", en https://www.revistaquercus.es/noticia/399/opinion/desarrollo-salvaje-en-el-levante-espanol.html (fecha de consulta: 04/08/25).

Real Academia Española (s. f.), "Diccionario de la lengua española", en https://dle.rae.es/ (fecha de consulta: 04/08/25).

Retlife (2022-2025), "Cambio de uso urbanístico de una parcela: qué tener en cuenta", en https://retlife.es/cambio-de-uso-urbanistico-de-una-parcela-que-tener-en-cuenta/ (fecha de consulta: 04/08/25).

Rodríguez Abella, Rosa María (2021), "Viñetas de vida: cuadernos de viaje para un cómic social", *Orillas. Rivista d'ispanistica*, 10, pp. 253-284.

Romero Polo, Paula (2023), "La turisficación como una forma de *slow violence*: un análisis de *Todo bajo el sol*, de Ana Penyas", en Adrián Santamaría Pérez (coord.), *I Congreso Internacional de Humanidades Ecológicas: Pensamiento, Arte y Educación ante las crisis y para las transiciones ecosociales*, Valencia, Äter Studio, p. 128.

Trabado Cabado, José Manuel (2013), *La novela gráfica: poéticas y modelos narrativos*, Madrid, Arco-Libros.

Trabado Cabado, José Manuel (2020), *Encrucijadas gráfico-narrativas: novela gráfica y álbum ilustrado*, Gijón, Trea.

IV. ESCRITOR Y ARTISTA, ARTISTA Y ESCRITOR

MOLÉCULAS FLOTANTES

MARIBEL GILSANZ
Escritora y collagista

En la infancia solemos encontrar las primeras señales de nuestra identidad adulta. Tengo dos hermanos, uno me lleva nueve años y otro seis. Con uno leía poesía, con otro dibujaba. Mi madre, hija de tabernera, era una gran narradora oral. Amenizaba nuestras sobremesas con mil historias escuchadas a los clientes del local. Y me enseñaba a asombrarme, a apreciar la belleza de las cosas. Mi padre cantaba flamenco con maestría y hacía greguerías a lo Gómez de la Serna, sin conocerlo. En sus palabras fluían las metáforas: algunas flores "morían infartadas", mientras que otras "escupían veneno" ... Asistir a los talleres de escritura creativa de Ramón Mayrata o casarme con el pintor Amadeo Olmos fueron también vientos favorables para llegar a mi actual forma de vida creativa mixta. Solo hizo falta tiempo y nuevos azares para que todo se materializase, junto a cultivar ciertas sensibilidades específicas, atender la tendencia a observar, curiosear, reflexionar, fantasear..., y el ejercicio de la voluntad, claro está. El vicio de leer y el de contemplar arte sin parar fueron y siguen siendo motores de mis vocaciones.

Ricardo Cuesta, el personaje de una de mis primeras novelas, me contagió la manía de fijarme en la fecha del día y hacer algunas asociaciones en torno a ella. Esta costumbre me ayuda a pensar que todo está relacionado con todo. No podría ser menos el arte y la narración.

Incontables autores y artistas se han expresado, a la vez, en varios planos del prisma creativo: Víctor Hugo, Lorca, Alberti, Tagore, Chiyo-ni, Sylvia Plath, Miguel Ángel Buonarotti, Borges, Yosa Buson, Herman Hesse, Kerouac, Henry Miller, Tennessee Williams, William Blake, Picasso, Wang Wei, Dalí, Van Gogh, Frida Khalo, Leonora Carrington, Matsuo Basho, Da Vinci, Kandinsky, Magritte, Paul Klee, Emma Reyes, Isabel Coixet y un largo etcétera. A algunos se los conoce más por uno de los dos terrenos; a otros, por otro. En unos casos, profundizan más en unos u otros campos; en otros, se adentran por igual... Escritores que hacen dibujos en los manuscritos o realizan exposiciones... Artistas que ejecutan sus obras plásticas a la vez que textos de diferentes géneros: diarios, cartas, novelas, poemas...

Suele pensarse en los museos de arte como lugares en los que se guardan o exhiben obras visuales, pero también custodian textos. Textos de artistas, conferenciantes, críticos, escritores que participan en catálogos... Editan libros con ellos. A través de su lectura, nuestra mente recrea obras plásticas. Y, a través de la contemplación de las obras, evocamos los textos leídos sobre ellas o expresamos con palabras nuestras propias percepciones. Todo arte es expresión y comunicación. Percibo los diálogos, sean del tipo que sean, como un intercambio de imágenes cerebrales. La palabra y la imagen se complementan de forma constante. Conviven de manera indisoluble en los seres humanos. Aprendemos a leer en libros ilustrados; en sus páginas se asocian las imágenes con la forma verbal que las representa, como si fueran obras de Magritte. A pesar de no ser lo mismo lo representado y su representación, queda asociado para siempre lo real a sus posibles representaciones.

Por suerte, en el mundo de la mente podemos vivir sin fronteras o con lindes permeables. Crear con otras creatividades al oído. Escribo con música de fondo. Parte del placer que me produce escribir viene de escuchar, de entrar en un universo sonoro. Para cada texto, por pequeño que sea, selecciono música que me ayuda a encontrar un tono determinado. Bandas sonoras muy diversas entre sí. Para pensar estas palabras, he seleccionado, bajo el título Narrart, composiciones de Mozart, Fauré, Debussy, Teleman..., interpretadas con flauta. No sé por qué. Es algo inconsciente. Esa es una de las diferencias en mi proceso creativo entre la escritura y el arte visual. Para hacer *collages*, salvo en alguna ocasión en que busco impregnarme de una determinada emoción, escucho audiolibros o programas culturales mientras trabajo. Estos, a su vez, me llenan de ideas, preguntas o imágenes verbales que pueden detonar obras. Además, la lectura constante me hace sentir que no solo mi literatura sino también mis *collages* tienen una base textual. Los dos canales están siempre abiertos, con continuos trasvases entre ellos, mientras fluyen la memoria y la imaginación.

Las palabras me sirven para comunicarme con menos ambigüedad, me permiten puntualizar observaciones y reflexiones. Esa es una de las razones por las que necesito las dos maneras de expresión. Busco la ambigüedad en la obra visual para que las lecturas se disparen y se multipliquen. En la escritura, la ambigüedad la utilizo como recurso para ocasiones concretas, para mostrar que las cosas pueden ser de muchas formas. Pero, en general, la escritura la empleo para la precisión de pensamiento. Ante preguntas vitales, encuentro interesantes hallazgos al escribir ficción, que me permiten resolver mis propios dilemas. Hacer o no hacer lo mismo que los personajes, según el caso.

Cuando me preguntan si soy más escritora que collagista, o viceversa, me siento como la persona que tiene dos amores a los que quiere con locura desmedida y le preguntan a quién ama más. Responder priorizando es una manera de quitar amor a quien se pone en segundo lugar. El exceso de comparaciones es uno de los principales males de la humanidad. En las dos actividades siento la catarsis, las dos me sirven para acercarme al inconsciente, descubrir emociones que me habían pasado desapercibidas o deseos reprimidos. Podría decir que la elaboración de los *collages* es más lúdica, pero, tal y como es mi método al elaborarlos, no lo tengo claro. Soy intensa en las dos, necesito las dos. Me cuesta estarme quieta, descanso haciendo, cambiando… La inquietud forma parte de mi carácter. Una inquietud que se vuelve serenidad activa ante la concentración que requiere el trabajo creativo.

Siento la casa como Gordillo sentía su estudio, como un organismo, como otro cuerpo en el que pasan cosas vegetativas y se producen las obras. Marguerite Duras también personificaba la casa de Neauphle. Percibía que todo escribía cuando ella escribía. Experimentaba que la escritura estaba en todas partes. La soledad era para ella una especie de escritura y leer era escribir. En mi caso, según la habitación donde esté, la casa escribe o la casa hace *collages*. Me percibo como alguien que se deja fluir en el espacio creativo preparado para cada materia…

Por otra parte, "cuando no estoy haciendo estoy haciendo", me digo para comprenderme. Puedo estar leyendo un libro y abordarme lo que será el germen de una serie de *collages*. Mientras que, otras veces, recorto imágenes que nunca utilizaré. Visto desde fuera, la sensación de hacer el *collage* se percibe al recortar y no al leer, pero no siempre es así. Cuando recorto, casi nunca sé cuál será el rumbo de la pieza, si la usaré o no. Eso no me impide recortar con precisión, trabajar con la delicadeza necesaria sin importarme el tiempo que tarde ni el destino del esfuerzo.

Detrás de todos mis modos de expresión, encuentro impulsos existenciales y asombros. Cada día miro el mundo como por primera vez. Mi primer poema, de niña, fue una especie de haiku en el que me asombraba de que una rosa al morir hubiera dejado sus semillas, generadoras de una nueva flor. El ciclo de la vida y todo lo que sucede en él continúa asombrándome una y otra vez…

Tanto al escribir como al hacer *collages*, hago guiños frecuentes al mundo del arte y la literatura. Me atraen las citas, las referencias. *Doble o nada* y *El punto invisible*, mis primeras novelas, editadas en Tertulia de los martes (2008), son una especie de libros de citas novelados. Entonces todavía no hacía *collages*, pero esas novelas son *collages* en sí mismas.

Los primeros *collages* visuales, aunque podrían unirse en obsesiones relacionadas, respondían a temáticas aisladas. La primera exposición la realicé en un lugar de libros: la librería Intempestivos de Segovia, en 2015. El título, *Jardín secreto*, no aparecía en la exposición y permaneció oculto hasta entrevistarme con el crítico de arte Rodrigo González Martín. Quería reflejar que era una actividad que llevaba años realizando a escondidas y la mostraba por primera vez. Las semillas habían fructificado y era el momento de invitar a los demás a pasear por el "jardín". Como sucede en un jardín con las plantas, los recortes ya estaban domesticados. Me atrae reservar el trabajo, tomarme tiempo sin prisas antes de comunicar.

La primera vez que produje obra de conjunto fue para la exposición que realicé en la sala Ex. Presa 2, de Segovia, en el *VI encuentro de mujeres que transforman el mundo*, comisariada por Gina Aguiar. Aunque, en ese momento, no era consciente de las corrientes latentes bajo las superficies particulares de los *collages*. Después, comencé a hacer series, para profundizar en los mensajes de las temáticas, entrar en mayor número de matices, jugar con coordinaciones de color que van más allá de los límites de una obra y muestran una amplia "paleta" entonada o contrastada.

Empecé a trabajar con conexiones entre unas y otras obras de manera deliberada con *El futuro está en el origen*. Esta premisa filosófica ("todo es fugaz, nada permanece, todo vuelve al origen, la hoja vuelve a la raíz, el polvo al polvo") inspira la aparición de huevos en los *collages* de esta serie. Son huevos fósiles, hallazgos arqueológicos, como los lugares donde se ubican. Estancias de Pompeya, ciudad que fue arrasada por el Vesubio. Estos espacios ofrecen un mensaje de *carpe diem*: "Aprovecha el instante, en cualquier momento puede llegar el final". Mientras tanto, que no falte la pasión, el misterio, la creatividad… Del huevo puede nacer cualquier cosa. Elemento misterioso y hermético del que surge la sorpresa. Símbolo de creación, resurrección, renacimiento y fertilidad a lo largo de la historia del arte. Numerosos artistas lo han utilizado en sus obras con diferentes significados. Para mí, esconde el enigma de las obras creativas que se revelan al ser ejecutadas. "Escribir es intentar saber con antelación qué escribiríamos si escribiésemos", decía Marguerite Duras.

Fig. 1. Maribel Gilsanz, *collage* de la serie *El futuro está en el origen* (2017).

A menudo, no sabemos con exactitud lo que queremos hacer hasta que lo hacemos. El futuro está en el origen, pero para desarrollarlo hay que originarlo. En un cruce de simbologías y significados múltiples, también aparecen en esta serie flores, un guiño más de *carpe diem* y de la belleza de lo efímero. Espejos, en una reinterpretación del mito de Narciso, en la que cualquier imagen nos recuerda que es una más entre la multitud de imágenes del mundo. Máscaras, objetos que permiten desdoblarse; otra de las posibilidades que nos ofrece la creatividad al hacer ficciones. Espacios teatrales y lámparas, que con sus focos nos recuerdan que la vida es puro teatro, una ficción más…

Combino distintas épocas históricas, diferentes tipos de arte, naturaleza o arquitectura… Todo convive en un interminable generador de sentido, para que también puedan ser infinitas las lecturas del espectador; y todas esas interpretaciones construyan una especie de Aleph borgiano, en el que ver el mundo desde todos los ángulos y en todos los momentos del tiempo. Me resultó inspirador el libro *A través del espejo*, una antología, editada por Atalanta, a cargo de Andrés Ibáñez, con textos de Hoffmann, Poe, Papini, Virginia Woolf, Bioy Casares, etc.

Años después, participé con un relato en un libro colectivo titulado *Alejandra Pizarnik y sus múltiples voces*, en el que se homenajea a Alejandra Pizarnik, editado por Huso (2021). En este relato, titulado "Petra", también toco los temas del *carpe diem* y el mito de Narciso, paralelos a esta serie de *collages*. Serie muy barroca, de infinidad de mensajes y con bastantes recortes en la mayoría de las composiciones. A su vez, tiene mucha importancia en el relato una lámina de Magritte que cuelga en la pared y le sirve a la protagonista para reflexionar sobre la percepción.

Tengo dos versiones de estilo en los *collages*. Me balanceo con gusto entre dos tendencias opuestas, una repleta de recortes y otra de recortes mínimos. En los que las obras se inclinan hacia la levedad, veo más relación con la poesía; y en los más acumulativos, con la narración.

Expuse esta serie en 2017 en Palacio Quintanar (Segovia), junto a obras de otras series, dentro de un proyecto amplio que titulé *Biografía involuntaria*, para expresar que, tras la realización de las obras, *a posteriori*, a menudo me veo haciendo interpretaciones que guardan relación con mi propia biografía. Y que su lectura abierta puede provocar al mismo tiempo a los espectadores relaciones con sus propias vivencias. No es fácil separarse de la memoria, tanto al hacer como al contemplar.

Más tarde, el confinamiento me hizo reflexionar sobre nuestra forma de vida y la relación con la naturaleza. Un aleteo de mariposa, símbolo por excelencia de transformación, puede cambiar el mundo. Las distintas especies estamos en continua interacción. Con estas ideas como inspiración, elaboré *Después de Darwin*, una serie en la que creé personajes con elementos de diversos ámbitos, conviviendo sin jerarquías. El enfoque era imaginar un mundo donde se diera más importancia a la sensibilidad que al poder o la fuerza en asuntos de evolución y progreso. Eran seres híbridos, el cuerpo humano y la cabeza animal o vegetal. O la cabeza podía ser un objeto que dialogaba con otro. Pretendía representar todos los reinos de la naturaleza, mezclados. Utilicé las flores como símbolo de sensibilidad. Al adornar a los personajes con ellas, quería representarles en un mundo delicado y cuidadoso. La búsqueda de ese mundo aparece en la mayoría de mis relatos.

Fig. 2. Maribel Gilsanz, *collage* de la serie *Después de Darwin* (2020).

Me encantan las casualidades, el azar que a menudo las provoca. Causalidad y casualidad son palabras propias de un trabalenguas. De la misma manera, se enredan en la vida sin saber a menudo como desentrañar los efectos. Borges opinaba que lo que llamamos azar es nuestra ignorancia de la compleja maquinaria de la causalidad.

Una de las formas que tengo de representar la casualidad, el azar o la suerte son los dados. Aparecen en uno de los *collages* que es muy autobiográfico y que sirvió como cartel de la exposición mencionada en Palacio Quintanar. En él, introduzco a Gerhard Richter, uno de los pintores favoritos de mi marido. De espaldas, por la postura pintando, me recuerda a él. Incorporo la foto de una modelo, retratada por Michael Thompson como si fuera la santa Isabel de Zurbarán. Me proyecto en ella, para evocar las muchas veces que Amadeo me ha pintado. Llevo también conmigo a una musa. Entiendo esta palabra diferente a la de modelo. La modelo posa y, a veces, es musa. La musa anima, inspira, alienta y, a veces, posa… Siguiendo con ese *collage* autobiográfico, introduzco una tortuga. Otro símbolo que repito en ocasiones y representa una especie de reloj, la lentitud, los tiempos que avanzan de manera distinta para unos y otros, las relaciones que van despacio, las que parecen detenidas, las que tienen previsto durar una eternidad, etc. En este caso, me refiero a la última. Los tubos de neón del artista Dan Flavin dan un toque de color y contemporaneidad que contrasta con el edificio antiguo. Los contrastes son unos de mis habituales recursos, tanto de conceptos como de color. Me preocupa mucho el color. Los recortes están elegidos para que combinen con el resto a modo de pinceladas, como si de un abstracto se tratara. Unas veces para armonizar y otras para romper armonías. Además del mensaje narrativo o poético, entre mis obsesiones está la lírica del color.

Fig. 3. Maribel Gilsanz, *collage* de la serie *Biografía involuntaria* (2017).

Podría navegar por numerosas metáforas y simbologías que, a modo de eco, saltan de unas obras a otras. Daré sólo algún ejemplo más.

Los dados aparecen también en mi novela *Autorretrato Postal* (editada en Isla del náufrago en 2018). Un amante de la protagonista es artista y utiliza los dados en una de sus instalaciones. Ella interpreta que, en las obras, habla de la relación que tuvieron. A través de este personaje salen varias instalaciones artísticas. Obras verbales "expuestas" para la imaginación del lector. Como epígrafe, elegí una frase del artista Pistoletto: "La gente teme los espejos porque teme la verdad" … Es una obra de ficción, a pesar de que salga mi imagen en la cubierta. En una de mis primeras novelas, tuve ciertos contratiempos con gente que creyó estar retratada sin estarlo. Por eso, en esta quise disuadir a los conocidos que se les proyectan mis personajes utilizando mi propia imagen.

La protagonista quiere enfrentarse a la verdad, confesarla. Eso le parece la fidelidad más elevada. Se interroga por las causas que le han alejado de ella. Quiere rectificar la enorme distancia que ha creado entre la verdad y la vida. En esos instantes en que la protagonista se sienta a escribir una carta a su marido, sin saber si acabará reuniendo valor para entregársela, confluyen su pasado, su presente y sus expectativas de futuro. Ese *collage* de tiempos, en el que la realidad se va transformando, demuestra que la vida no es sólo lo vivido, sino también lo imaginado. La carta es una especie de espejo en el que María Sentís se mira y los rostros que pasan por esa superficie pulida quedan impregnados por ella, por su mirada y sus palabras. De nuevo, los espejos.

Es una novela epistolar. Tanto la palabra "novela" como la palabra "epistolar" son *omnívoras* (al igual que la palabra "*collage*"). Pueden contener dentro cualquier sorpresa, cualquier otro género. En ella, trato numerosos temas y subtemas: el amor, el deseo, la incomunicación, la soledad, la exclusividad, los celos, la locura, las especulaciones, el rencor, los saltos de edad, la convivencia, las razones de la escritura, el diario como tema, etc.

Me siento en sintonía con las autoras y autores que, como Kundera, opinan que una novela es una pregunta existencial. Con esta novela, podemos hacernos numerosas preguntas: ¿Cómo manejo el deseo? ¿Qué hago con la verdad? ¿Cómo amo? ¿Qué es la realidad? ¿Cómo la percibo? ¿Cómo la interpreto? ¿Cómo la transformo? ¿Qué depararán a los demás nuestras palabras, nuestros silencios?... Todos damos respuestas a estas preguntas con nuestras vidas.

Mis historias nacen a menudo de dilemas. El dilema de los personajes me inspira. ¿Se lo cuento o no? ¿Le doy la carta o no? Los dilemas hacen avanzar la trama. Los dilemas vitales, sean del tipo que sean, nos hacen comprender que "hay mil maneras de vivir". Este es uno de los mensajes principales que nos ofrece el trayecto de este personaje.

En 2009, escribí una novela de ciencia ficción, titulada *2301*. Gran parte de las imágenes verbales que aparecen están inspiradas en exposiciones y ferias de arte. Con este fin, las exposiciones se volvían doblemente interesantes. No era solo mirar y pensar, sino mirar, pensar, hacer... Tomé la mayoría de estas notas en distintas ferias de Basilea, donde fui a acompañar a mi marido que participaba en una de ellas. En aquel momento, esta novela era muy transgresora. Las imágenes verbales forman parte de casi toda la obra, ya que la comunicación entre la población de ese mundo imaginario es sólo visual. Es una especie de *collage*, más para ser expuesto que publicado. Aunque no empecé a hacer *collages* hasta 2012, en ese momento ya sentí que en mi mundo creativo palabra e imagen formaban parte de la misma moneda. Esa novela se ha quedado en el limbo y permanece sin publicar. Algunas de las cosas que imaginé han sucedido después parecidas. Quizá algún día se publique en forma de novela gráfica, que permitiría más "tijeras". Mis partes favoritas son esas imágenes que proceden del arte y las escribí de manera poética, de una poética fría, pues no podía ser de otra manera en un mundo que había imaginado sin palabras y, por lo tanto, deshumanizado... Una vez más, trato el tema de la incomunicación y el deseo, entre otros. Dicen que los temas nos eligen. Es muy probable, porque el acercamiento a ellos suele corresponder a obsesiones.

La écfrasis, la representación verbal de una representación visual, es uno de mis principales recursos a la hora de escribir poesía. Tengo varios poemarios que parten de obras de arte. Imágenes pintadas con palabras que se van enredando en emociones o experiencias propias o imaginadas. *Poesía muda* se titula uno de estos poemarios. El título hace referencia al concepto recogido por Horacio de unir las distintas artes bajo un mismo impulso poético. La poesía como "pintura hablada" y la pintura como "poesía muda". Este poemario está inédito, aunque recité algunos de los poemas que lo componen en el Museo de Arte Contemporáneo Esteban Vicente, de Segovia, en 2016. De nuevo, los escenarios del arte para presentar palabras. En 2022, leí allí *Poemas del fuego y otros incendios*. Otro poemario inédito inspirado por obras de arte. *Delirio razonable*, el más largo, tiene como base la obra del Bosco. La poesía, hasta el momento, siempre la he compartido en recitales. La voz poética la siento muy unida a mi voz sonora.

Mi amor a la literatura y al arte, tanto oriental como occidental, se percibe en mi serie de *collages Una caja de laca roja*. A fecha de 2025, algunas de estas obras están expuestas de manera virtual en Club H (Fide). En la página de esta exposición se encuentra el planteamiento que escribí, asociado a los puentes culturales:

> La poeta japonesa Kaneko Misuzu, en su poema *El vacío*, nos habla de "una caja de laca roja", donde guarda las telas con las que arropará a su muñeca. Nunca se aburre de cambiar su kimono. Algo así me sucedía en la infancia cuando jugaba con los recortables, origen de mi camino artístico. Para mí, ese verso se transforma en una caja simbólica con un color simbólico. El rojo es uno de los colores más antiguos usados en la historia del arte. El primer color al que se le puso nombre. El color de la sangre. El color del corazón. El color del "fuego". El de la pasión. La pasión ofrece plenitud.

François Cheng, en su libro *Vacío y plenitud*, nos recuerda que, en China, arte
y arte de vivir son una misma cosa. Hace años que la literatura y el arte oriental me proporcionan momentos de dicha indescriptibles. Hace años también
que escribo haikus mientras paseo.

En esta serie, titulada *Una caja de laca roja*, he mezclado mi fascinación por
el arte y la literatura oriental y occidental en la inspiración, para construir una
especie de puente estético en el que puedan convivir iconos de ambas culturas; usando la técnica del *collage*, integradora de contrastes. En un intento de
dejar puertas entreabiertas. Resonancias. Ecos lejanos. Elaborar jardines de
trigo y bambú. Dejar volar libélulas y uvas. Combinar miradas. Una mirada
calidoscópica que ofrecer al viento. Detener instantes. Atrapar lo efímero.
Dejar que el eco de las imágenes hable del deseo, de los sentidos, de la contemplación… Elaborar sendas de espejos en las que se reflejen significados
ocultos con sabores de oriente y occidente. Sembrar "jardines" de uvas con
recortes mutantes. Caminar sobre pétalos, navegar sobre lotos… Tener en
cuenta el vacío para encontrar la plenitud.

Por otra parte, el rojo es un color ambivalente, como lo es también la belleza,
al pensar en sus sombras. Estos *collages* son, a la vez, una reflexión sobre las
mismas. ¿Dónde se busca la belleza? ¿A qué sombras permanece anclada?[1]

Figs. 4a y 4b. Maribel Gilsanz, dos *collages* de la serie
Una caja de laca roja (2022 y 2023).

---

[1] Nota de los editores: véase https://clubfide.com/exposicion-virtual-collage-una-caja-de-laca-roja/.

Para argumentar lo mezclado que está mi mundo creativo, podría añadir numerosas conexiones vividas entre arte y literatura, como las veces que he realizado *collages* para ilustrar libros o los textos que he escrito para catálogos de arte...

Para mí, escribir es escuchar, leer, mirar, tocar... Y hacer *collages* es la misma cosa. Pongo mis obsesiones en acción y cristalizan en palabras o imágenes, según el instante. Percibo el arte y la narración con vínculos tan intrínsecos que me resulta difícil encontrar fronteras. Experimento estas conexiones como las de esas moléculas flotantes que comparten un espacio y cambian de lugar. Se chocan. Se alejan. Se acercan... Bailan bailes de salón.

LENGUAJES MULTISEMIÓTICOS E INTERMEDIALIDAD: UNA ESTÉTICA DE LAS HIBRIDACIONES

JUAN PINILLA
Escritor y cantaor

Ignoramos si fue el flamenco o la figura de Francisco Umbral (1932-2007) quien nos introdujo, desde aquellas primeras lecturas adolescentes o las audiciones de la misma época, en el deleite de los lenguajes multisemióticos y de la intermedialidad. Lo cierto es que toda nuestra trayectoria vital se ha dirimido en torno al goce de experiencias estéticas superpuestas sobre dos manifestaciones artísticas cardinales: la literatura y la música.

Umbral, dandi forjado en Valladolid, con su profética capacidad de hibridar géneros —novela, artículo, crónica, diario y ensayo— más el cultivo de su imagen televisiva, nos legó el gusto por una estética deliberadamente impura y mestiza, que hoy se erige victoriosa en el panorama literario contemporáneo. Por su parte, el flamenco, resultado genuino de ese crisol de culturas, religiones, lenguas y pueblos que constituyen Andalucía desde hace siglos, encarna la hibridación ya desde sus albores. Una impureza de sangre, verbo y actitudes que se forjó allá por el siglo XVIII y que conviene abordar como un lenguaje eminentemente multisemiótico, en la medida en que confluyen en su expresión artística elementos tan diversos como el cante, el toque y el baile, junto a la inestimable compañía de cuantos instrumentos se han venido sumando a lo largo de los años. La danza, a su vez, ha asimilado aspectos de interpretación dramática, expresión corporal y, en su vertiente contemporánea, recurre asimismo a efectos lumínicos y dispositivos propios del teatro y el cine —esto es, a códigos audiovisuales— para la configuración de la escenografía.

El flamenco, en su proceso de gestación, se nutre de inspiraciones latinoamericanas, según ha puesto de manifiesto un libro de Faustino Núñez (2021), así como de sones y danzas boleras, como señala Juan Vergillos

(2021), de raíz africana, cuyo análisis ha sido abordado, entre otros, por José Luis Navarro y Eulalia de Pablos (2010). A ello se suma una herencia manifiesta del Al-Ándalus, vertida durante siglos de existencia en el sur peninsular, junto con vestigios sefardíes, influencias de otras danzas nacionales y del acervo folklórico que precede los primeros quejíos flamencos. Estos aspectos, profusamente tratados por la musicología y la antropología flamenca —Cristina Cruces (2009), entre otros—, conviene reiterarlos aquí para subrayar el carácter mestizo, impuro, popular y, a la vez, ecuménico del arte flamenco.

En su artículo "La literatura en expansión" (2017), Domingo Sánchez-Mesa (Universidad de Granada) y Jan Baetens (KU Leuven) exploran cómo la Literatura Comparada se ha abocado a abandonar su restricción al texto puramente verbal, abriendo su campo a una comprensión intermedial de la obra literaria. Según los profesores, la intermedialidad implica entender que todo medio, ya sea verbal o no, es esencialmente plural, pues se construye a partir del contacto y la mezcla con otros medios, como demuestra la hibridación de imagen y palabra o de texto y sonido. Esta noción nos permite analizar manifestaciones artísticas como el flamenco —donde confluyen cante, guitarra, danza, versos y elementos escénicos— o la escritura/personaje de Umbral —que amalgama géneros, periodismo, registros y exabruptos televisivos— como prácticas eminentemente intermediales que resisten a la pureza de un solo código y consolidan el objeto.

Por otra parte, Sánchez-Mesa y Baetens (2017) destacan la transmedialidad como fenómeno clave de la cultura contemporánea: la expansión de contenidos narrativos a través de múltiples medios, plataformas y soportes. A diferencia de la mera adaptación, la transmedialidad implica que una obra o universo narrativo se concibe desde su origen para desplegarse de forma integrada en diversos lenguajes y dispositivos. Aplicado a nuestra perspectiva, aunque resulte evidente, este concepto refuerza la idea de una estética de las hibridaciones, donde el poema, la literatura en prosa, la música y la escena flamenca pueden funcionar como nodos de un relato expandido a través del cine, de los formatos digitales, poniendo apellidos al trabajo convergente de Carlos Saura, como digno ejemplo.

Partiendo de estas dos coordenadas —la impronta umbraliana y la raíz plural del flamenco—, con el marco teórico de Sánchez Mesa y Baetens (2017), hemos ido comprendiendo nuestra propia trayectoria artística, un camino en el que conjugamos el flamenco más tradicional, con un aliento vanguardista, atento a la lírica inédita vertida en sones jondos. Así, siguiendo la estela que ya delinearon maestros del cante como Enrique Morente, cuyo admirable trabajo sobre Miguel Hernández (1971) sufrió la censura del franquismo —fue suprimido del disco homenaje al poeta de Orihuela el poema *Andaluces de Jaén*, que Morente interpretaba en clave de peteneras—, se erige una forma de reivindicar la palabra poética a través del cante. Sin embargo, a vueltas con el cantaor granadino, la censura no le arredró y, con posterioridad, editó grabaciones con versos de Antonio Machado, san Juan de la Cruz, Rafael Alberti o Federico García Lorca, con la particularidad de que todos fueron poetas prohibidos por los correspondientes regímenes políticos. Su relectura en clave flamenca del poeta de Fuente Vaqueros, además, culminaría en un éxito sin precedentes merced a la revolución sonora que supuso *Omega* (1996), impresionado junto al grupo punk Lagartija Nick, donde confluyen, asimismo, una adaptación interpretativa de *Pequeño vals vienés* y el *Hallelujah* de Leonard Cohen.

Otros cantaores que han abordado la confluencia entre flamenco y poesía son Camarón de la Isla —con versiones de Miguel Hernández y Federico García Lorca—, Carmen Linares —Federico, Vicente Aleixandre, Juan Ramón Jiménez, Miguel Hernández—, Manuel Gerena —Miguel Hernández—, El Lebrijano —Félix Grande, Gabriel García Márquez—, Mayte Martín —Manuel Alcántara—, así como la obra coreográfica de reconocidos bailaores como Antonio Gades, Mario Maya o Eva Yerbabuena.

Con tales antecedentes, nos propusimos dar voz flamenca a quienes nunca antes habían recibido un hueco en el mundo del cante. De este modo, cobraron forma jonda los versos de Javier Egea (1952-1999), Francisco Umbral (1932-2007), José Saramago (1922-2010), Sylvia Plath (1932-1963), Alejandra Pizarnik (1936-1972), así como algunas adaptaciones de textos de Friedrich Nietzsche o Groucho Marx, entre un buen ramillete de mujeres y hombres del mundo de las letras.

En formato disco, *Lámpara Minera Volumen 3* (2008), editado por el sello RTVE y, posteriormente, por Universal Music, fue el primer trabajo sonoro que registramos en la SGAE como consecuencia de nuestro paso por el Festival del Cante de las Minas de La Unión y la obtención de la Lámpara Minera, un par de semanas antes de que Umbral abandonara este mundo, en agosto de 2007. El disco incorpora textos de Armando Buscarini —posiblemente el único poeta, aunque menor y eternamente frustrado tal y como lo describe Rafael Cansinos Assens en *La novela de un literato* (2009 [1920]), plenamente maldito en España—, José Hierro con "Alma dormida" y el pintor-poeta Ramón Gaya con su metapoema, "A la pintura".

En el siguiente trabajo, resultado del libro homónimo *Las voces que no callaron* (2010), nos decantamos por Gabriel Celaya (1911-1991) y su "Biografía" —que sonó profunda en la voz del actor Paco Algora— y Marcos Ana (1920-2016), al que tuvimos la suerte de conocer de cerca, con su conocido "Mi corazón es patio" —que haría lo propio en la voz de la actriz Emma Cohen—.

Sin perjuicio de que la literatura ocupase un lugar de relevancia, el cante más tradicional ha sido siempre bien tratado en nuestra discografía. Así, los estilos de los obreros de las minas, seguiriyas, malagueñas, soleá, fandangos, bulerías, tangos, tonás, abandolaos y granaínas, han formado parte del repertorio discográfico trazado hasta esa fecha. Después de este episodio de cante clásico, vino *Jugar con fuego*, un disco compuesto enteramente con poemas del poeta Fernando Valverde (Granada, 1980), actualmente profesor de literatura española en la Universidad de Virginia (EE.UU.), considerado el poeta español más influyente nacido después de 1970 por dos centenares de críticos literarios de todo el mundo.[1] Con este disco, que contó con la dirección musical impagable del guitarrista David Caro, conseguimos una nominación al Grammy Latino en Las Vegas, Estados Unidos, compartida con Paco de Lucía, Enrique Morente y Rosario *La Tremendita*.

En 2015 vino un periplo en el que incluimos poemas de nuestro amigo y maestro Juan de Loxa (1944-2017), artífice de la Casa Museo de García Lorca en Fuente Vaqueros y, antes, creador de *Manifiesto Canción del Sur*, proyecto periodístico/poético/musical del que surgieron Carlos Cano, entre otros cantautores, en una maqueta dedicada a Blas Infante donde también recordamos versos del primer catedrático de literatura gitano de España, José Heredia Maya. En 2018 llegaron *Los abajo firmantes*, un libro-disco producido por Paco Espínola. Con un sonido más cercano a la música experimental y ciertos guiños al flamenco, el trabajo rendía tributo a una estirpe de poetas suicidas entre los que se encontraban Maiakovski, Primo Levy, Dylan Thomas, Florbela Espanca, Javier Egea o José Asunción Silva. Nuestra última incursión discográfica ha tenido lugar de la mano de Mamita Récords y el disco *Humana Raíz* (2020), trabajo en el que rescatamos un fragmento de

---

[1] Las referencias a esta noticia son múltiples y accesibles en la red. Sirva este enlace como ejemplo: https://www.planetadelibros.com/autor/fernando-valverde/000058034.

Mortal y rosa, considerada una de las mejores novelas de Francisco Umbral, y de cuya publicación se cumplen cincuenta años este 2025. Se trata del primer trabajo en el que la mayor parte de las letras fueron de factura propia.

La lectura y la música son grandes aliadas y compañeras de camino en la vida de un ser humano. En nuestro caso, no sabríamos precisar cuál de las dos llegó primero, y a veces nos cuesta, incluso, discernir una de la otra, como ocurrió antaño en los tiempos del *Gilgamesh*, en los tiempos de la *Ilíada*, en los tiempos de la *Chanson de Roland* y *El Cid*... La lírica estuvo siempre acompañada de música, de ahí su nombre, lírica, que proviene, como es sabido, de lira. Con todo, el cante, y nuestra dedicación al mismo, no ha sido óbice para dejar de lado esa otra faceta lectora y productora de textos, que presentamos a continuación.

En 2010 realizamos una primera edición de *Las voces que no callaron*. Se trató de una obra intermedial, en los términos de Sánchez-Mesa y Baetens (2017), donde hablamos de flamenco comprometido política y socialmente. La primera edición está acompañada por las pinturas de Andrés Vázquez de Sola, uno de los rostros intelectuales más destacados del exilio español en París, amigo de Picasso, Luis Aragón y Rafael Alberti. Se trata de un ensayo que combina historia con estética, política, música y letras, pues son estas y no otras, las que muestran el pulso político de un pueblo que canta. El recorrido histórico-político del libro revela el profundo compromiso social del flamenco, y desmonta, en buena medida, el estereotipo de que esta música es un arte conservador. A partir de ahí, exploramos la vida y obra de personajes como *El Chato de las Ventas*, *La Niña de los Peines*, *Corruco de Algeciras*, *Angelillo*, *El Cabrero*, Manuel Gerena y muchos otros, artistas que utilizaron su arte para expresar ideas de libertad, solidaridad y republicanismo, especialmente durante la II República, la Guerra Civil y la Transición. En 2020 llegó la tercera edición, ampliada hasta las cuatrocientas páginas y retitulada *Flamenco y rebeldía*.

En 2022, coincidiendo con el centenario del nacimiento del Nobel portugués José Saramago, vio la luz nuestro libro *Saramago, el Nobel de lo imposible*, con el sello Atrapasueños. Nos propusimos establecer una biografía ensayística a modo de homenaje literario dedicada a la vida y obra del escritor luso y Nobel de Literatura en 1998. Reconstruimos de forma cronológica la trayectoria vital de Saramago desde su humilde infancia en la aldea de Azinhaga, pasando por una adolescencia marcada por la precariedad y su temprana inserción en oficios mecánicos, hasta su lenta pero firme consolidación como escritor, poeta, traductor, periodista y figura comprometida con la justicia social y la libertad. Al terminar el trabajo, nos dimos cuenta de que habíamos escrito la vida —perdonen los términos tan poco apropiados y el uso de adjetivos— de una bella persona, al margen de su genialidad, en el sentido machadiano del término.

De esta forma, destacamos la honestidad ética, la coherencia intelectual y la potencia humanista de Saramago como narrador capaz de desvelar las grietas de la hipocresía política, la represión, el fanatismo y la injusticia, sin renunciar jamás a la belleza literaria y a la compasión. A lo largo de sus capítulos, el libro repasa su evolución como obrero, autor comprometido, periodista crítico durante la dictadura salazarista, hasta llegar a sus grandes novelas —*Memorial del convento, Ensayo sobre la ceguera, Todos los nombres...*—, su exilio en Lanzarote y la dimensión universal de su legado. La composición se desenvuelve a modo de relato íntimo que revela la influencia de la memoria rural, la familia y la conciencia política en su obra. El resultado es un retrato cálido y cercano de un autor que encarnó la posibilidad de transformar lo imposible en posible.

Y así llegamos a nuestra última obra, una novela que ha visto la luz en abril de 2025, titulada *Los colores de la nieve*. Sus páginas conjugan palabra, pintura, música y ritmo cinematográfico, a modo de artefacto literario intermedial y transmedial en un intento de desbordar el límite de la narración escrita. Basquiat, Juan Latino, Nelson Mandela, un exiliado, un grupo de estudiantes contrahegemónicos, el flamenco y el montaje visual atraviesan su estructura deliberadamente fragmentaria, en sintonía con nuestras lecturas de Umbral, Joyce o Virginia Woolf. Los personajes —Samo, Wadima, Lis, una profesora de origen sefardí, Ray y la curandera— forman un coro de *outsiders* que encarnan la resistencia frente a la norma social y la exclusión, donde situamos la obra: ese cruce que es tanto de nuestro gusto entre literatura comparada, estudios poscoloniales, políticas de la literatura y teoría de la marginalidad. *El lienzo que todo lo narra* cobra una especial significación en el cuadro que Lis regala a Wadima casi al final de la novela, como propuesta hermenéutica de la misma.

De la mano del profesor Juan Varo Zafra, entramos de lleno hace unos años en el fascinante mundo de las metalepsis tal y como las entendía Gerard Genette, recurso muy presente en la obra. Los muros —símbolo de frontera física y cultural— (González Blanco, 2024) o la teoría de la novela de la artista (Gruia, 2023), se suman a los jazmines y la curandera, elementos/personajes que insertan la dimensión postsecular: la memoria y la naturaleza como fuerzas de insurrección vital, articuladas desde una estética del compromiso que, desde el magisterio de Juan Carlos Rodríguez (1974), quien subrayó que toda forma estética encierra una forma ideológica, expone de manera sintomática las fisuras de la ideología dominante, mostrando que la literatura es siempre campo de disputa y producción de sentido; desde Rancière (2011), redistribuye lo sensible al dar voz a los silenciados y, desde Bourdieu (2022), reconfigura el campo literario desplazando el capital simbólico hacia los márgenes. La amistad de excelencia, como la entendía Aristóteles en su *Ética a Nicómaco*, la lealtad y la identidad fluida —en personajes como Lis, la profesora o Ray— sostienen una ética de la emoción cercana a Martha Nussbaum, donde afirmamos que la resistencia se encarna tanto en la palabra como en el cuidado mutuo. La novela, en suma, celebra la hibridación y la disidencia, proponiendo que toda narración es también un territorio de lucha y belleza compartida.

En conclusión, reconocemos que nuestro trayecto vital y creativo se ha tejido, de forma casi inextricable, en torno a la conjunción fecunda de palabra, música e imagen, convencidos de que la hibridación —ese principio de impureza que alentaron en nosotros Umbral y el flamenco— constituye hoy la forma más honesta y necesaria de responder, desde el arte, a la complejidad de nuestro tiempo. Nos sabemos deudores de una tradición que hunde sus raíces en la lírica inmemorial, en la voz que no calla y en la escritura que se abre al cante, pero también conscientes de que la intermedialidad y la transmedialidad, tal como la han formulado Domingo Sánchez-Mesa y Jan Baetens (2017), nos exigen hoy expandir la obra más allá de sus márgenes convencionales. Así, entre la palabra recitada y el verso jondo, entre la imagen pictórica y la cadencia fílmica, hemos hallado un territorio de creación que nos permite, a la manera de Morente o Saramago, ensayar nuevas formas de compromiso, rescatar memorias y voces soterradas y, en definitiva, reivindicar que toda obra —ya sea poema, cante o novela— deviene, cuando se sostiene en la belleza y la disidencia, una forma de hospitalidad y de otorgar sentido común a la propia vida. Si algo nos reafirma este camino es la certeza de que la literatura, la música y la escena no son compartimentos estancos, sino vasos comunicantes que, al encontrarse, multiplican su potencia para decir lo que importa de forma nietzscheana: *Di tu palabra y rómpete.*

BIBLIOGRAFÍA

BAETENS, Jan y Domingo SÁNCHEZ-MESA (2017), "La literatura en expansión. Intermedialidad y transmedialidad en el cruce entre la literatura comparada, los estudios culturales y los new media studies", *Tropelías. Revista de Teoría de la Literatura y Literatura Comparada*, 27, pp. 6-26

BOURDIEU, Piérre (2022), *Capital cultural, escuela y espacio social*, Madrid, Siglo XXI Editores.

CANSINOS ASSENS, Rafael (2009 [1920]), *La novela de un literato 3*, Madrid, Alianza Editorial.

CRUCES ROLDÁN, Cristina (2009), *La Niña de los Peines. El mundo flamenco de Pastora Pavón*, Córdoba, Almuzara.

GONZÁLEZ BLANCO, Azucena (2024), "Las moradas: modos de lectura hospitalaria y vida habitante", *RILCE*, 40 (1), pp. 105-126.

GRUIA, Ioana (2023), "La novela de la artista: Al faro, de Virginia Woolf, y Mi amor en vano, de Soledad Puértolas", *Signa. Revista de la Asociación Española de Semiótica*, 32, pp. 129-145.

NÚÑEZ, Faustino (2021), *América en el flamenco*, Madrid, Ediciones Flamencópolis.

PINILLA, Juan (2010), *Las voces que no callaron*, Sevilla, Atrapasueños.

PINILLA, Juan (2018), *Los abajo firmantes*, Granada, Allanamiento de Mirada.

PINILLA, Juan (2022), *Saramago, el Nobel de lo imposible*, Sevilla, Atrapasueños.

PINILLA, Juan (2025), *Los colores de la nieve*, Granada, Allanamiento de Mirada.

RANCIÈRE, Jacques (2011), *Políticas de la literatura*, Buenos Aires, Libros del Zorzal.

RODRÍGUEZ, Juan Carlos (1974), *Teoría de la producción ideológica*, Madrid, Akal.

VERGILLOS, Juan (2021), *Nueva historia del flamenco*, Córdoba, Almuzara.

ÍNDICE